RÉPONSE
AU COLONEL D'ARÇON,

AUTEUR DES BATTERIES FLOTTANTES,

Sur son Apologie des Principes observés dans le Corps du Génie.

Par MARC-RENÉ DE MONTALEMBERT, *Maréchal de Camp, de l'Académie Royale des Sciences & de l'Académie Impériale de Pétersbourg.*

OCTOBRE 1790.

De bons principes
Ont-ils besoin d'apologie ?

A PARIS,

DE L'IMPRIMERIE DE PHILIPPE-DENYS PIERRES,
Premier Imprimeur Ordinaire du Roi;

Et se trouve

Chez DIDOT, Libraire du Roi pour l'Artillerie & le Génie,
Rue Dauphine, N° 116.

M. DCC. XC.

AVERTISSEMENT.

JE n'ai pu relever, à beaucoup près, tout ce qui seroit fait pour l'être dans la Brochure à laquelle je réponds; il eût fallu compofer un gros volume. Le temps me manque, & un tel ouvrage n'eft point néceffaire : les erreurs que je démontre, feront facilement juger de la valeur du refte.

AVANT-PROPOS.

ON dit ce qu'on veut ; mais on ne prouve que ce qui est vrai.

Si j'euffe pu refter incertain fur les avantages de mes méthodes, je ne faurois en douter aujourd'hui, en voyant combien d'Officiers du Génie fe font réunis pour renouveller leur ancienne critique; critique fi victorieufement réfutée par le Supplément à mon cinquième Volume, Tome VI, publié en 1786, & par ma Réponfe aux Ingénieurs, Tome VII, publiée en 1787 : l'un & l'autre reftés fans réponfe.

Aujourd'hui, ces Meffieurs, par de vains raifonnemens, prétendent effacer mes remparts de deffus la furface de la terre, avec la même promptitude que les Aquilons font difparoître les vapeurs raffemblées dans l'air. Mais le corps des Aquilons prouve fa puiffance à tous les yeux, tandis que celui de Meffieurs les Ingénieurs ne prouve rien, fi ce n'eft qu'ils ne veulent abfolument pas faire mieux (1).

---

(1) *N. B.* Ils avoient avancé de même dans leur première Critique, qu'avec des batteries placées fur leur feconde parallèle, ils détruiroient en peu de temps mes remparts cafematés. Je leur ai prouvé cependant que

Ces Meſſieurs ont penſé ſans doute que de nombreuſes autorités étoient néceſſaires pour donner du poids à leurs futiles objections.

Ils oſent ici reproduire les mêmes imputations démontrées fauſſes dans mes précédens volumes : ils l'oſent, parce qu'ils ſavent qu'on ne lit point ces ſortes d'ouvrages. En effet, ceux qui ne connoiſſent aucune des preuves que j'ai données des erreurs ſans nombre, commiſes dans leur première production, comment ſe refuſeroient-ils à croire ce qui ſe trouve approuvé par tant de noms d'Ingénieurs auxquels le Militaire attribue de grandes connoiſſances?

Cependant c'eſt, on peut le dire, ſe repecter bien peu, que de s'expoſer une ſeconde fois, à la face de l'Europe, à ſe voir taxé, ou de manque de connoiſſance, ou de bonne-foi.

Lorſqu'une mauvaiſe production eſt donnée pour le ſentiment de tout un Corps, quelle opinion peut-on

---

tous les boulets partant de ces mêmes batteries, ne pouvoient paſſer qu'à onze pieds au-deſſus des murs qu'ils prétendoient renverſer. (Voyez le VIIe Volume, ſervant de Réponſe aux Ingénieurs, depuis la page 155 juſqu'à la page 186.)

prendre de l'efprit qui le gouverne ? Il ne peut obtenir par ce moyen que le fuccès du moment, pour finir par n'avoir en partage que la honte de l'avenir.

Il exifte une réfutation détaillée dans mon VIIe Volume, contenant ma Réponfe aux Ingénieurs, de tout ce que vous avez allégué, Meffieurs, contre mes méthodes, dans votre ouvrage fur la Fortification Perpendiculaire, publié en 1786. Vous voudriez fans doute l'éluder, & la confidérer comme non avenue ; mais il n'en fera pas ainfi ; & je vous fomme de contredire mes démonftrations, non par de vains difcours, femblables à ceux contenus dans votre nouvelle Brochure, mais par des démonftrations géométriques : c'eft de cette feule manière que vous pouvez vous montrer décemment au Public ; fi vous ne le faites pas, alors il reftera prouvé que vous n'avez pu le faire.

Il s'agit uniquement ici des effets de l'Artillerie dans l'attaque & la défenfe des places, ainfi que dans la défenfe des rades contre des vaiffeaux. Il s'agit de juger ce que cette arme peut ou ne peut pas dans les différentes pofitions où elle doit être placée, fuivant telle ou telle méthode, & quelles font les manières de l'employer qui peuvent lui être les plus avantageufes. Vous n'êtes ni artilleurs, ni marins ; cependant vous en décidez fouverainement; & c'eft à moi feul à qui vous adreffez vos décifions ? Vous trouverez bon cependant que je rende à chacun ce qui lui eft dû; que je foumette mes moyens & les vôtres à ceux qui en favent beaucoup plus que moi fans doute, & auffi plus que vous, puifque c'eft leur art, & que ce n'eft pas le vôtre.

Je puis à la vérité être tombé dans quelque erreur ; mais dans ce cas, fi la paffion ne s'en fût mêlée, j'aurois dû être éclairé, & non calomnié. Qui croiroit que dans une telle carrière, ne cherchant que le bien public & l'avantage de fa nation, on ne fauroit avancer avec quelque fuccès, fans multiplier fes ennemis? En euffé-je trouvé, fi je me fuffe trompé ? On m'eût dédaigné comme tant d'autres l'ont été; mais j'avois fur ma route, fans m'en douter, un lion jaloux à vaincre dans fon antre même, & je ne l'ai reconnu qu'aux coups que j'en ai reçus : alors il a bien fallu me défendre. Mais j'ai combattu loyalement; je ne me fuis point proftitué à mendier des fuffrages ; j'ai préféré d'employer mon temps à m'efforcer de les mériter. L'avenir décidera à qui l'avantage étoit dû ; la puiffance de la vérité franchira tous ces vains obftacles. Fort d'un zèle qu'on ne peut méconnoître, je me confie dans la juftice, qui, tôt ou tard, me fera rendue ; & comme je m'en contente, je ne crains point qu'on puiffe troubler mon repos. Ou ces Meffieurs, ou moi, fommes dans l'erreur : fi c'eft moi, je n'ai pas été payé pour en favoir plus qu'eux ; de-là mes efforts, même infructueux, feront toujours de quelque mérite. Si c'eft eux, ils ont été payés pour en favoir plus que moi : cette grande différence doit néceffairement faire l'éloge de l'un, tandis qu'elle ne peut jamais faire un mérite pour l'autre.

J'ai dédié mon dernier volume à MM. les Officiers du Génie, ayant conçu une opinion d'eux qu'ils ne juftifient pas. Je leur en ai fait diftribuer un certain nombre d'exemplaires ; mais ils n'en ont ont pas agi de même de leur Réponfe imprimée : ce n'eft que par hafard qu'il m'en eft parvenu un ; & comme on n'y voit point le nom d'aucun libraire où l'on puiffe la trouver, on doit en conclure qu'elle n'eft pas deftinée à être publique, mais feulement faite pour être donnée à ceux qu'on a intérêt de perfuader, & ce fera avec d'autant plus de fuccès, que de cette manière on n'effuyera de réplique de perfonne. Le fort en a décidé autrement ; car voici ma Réponfe à quelques articles, & ce que je penfe de cette production clandeftine. Je rendrai la mienne très-publique, voulant encourir tout le blâme que je puis mériter au fujet de cette grande difcuffion. Je n'ai point de bottes fecrettes, elles ne font la reffource que des trompeurs ; mais on marche toujours à découvert quand on a l'honneur & le bien public pour guide de fes actions.

RÉFLEXIONS

Sur un Imprimé du Colonel d'Arçon, relatif à deux Mémoires sur Cherbourg, pour servir d'Apologie aux Principes de son Corps.

Par Marc-René de Montalembert, *Maréchal de Camp.*

VOICI donc encore une nouvelle production de MM. les Officiers du Génie ; ce sont à-peu-près les mêmes objections sur mes systêmes, que j'ai détruites dans le Volume contenant ma Réponse aux Ingénieurs, Tome VII de mon Ouvrage, sans qu'il ait pu contester mes preuves. On trouve dans celle-ci des injures encore plus personnelles & plus fréquentes ; c'est une diatribe, où l'humeur est mise à la place de la raison : elle est étayée de beaucoup de signatures ; on n'y trouve pas une démonstration, & l'équivalent n'est pas admissible ; elle ne présente enfin que l'aspect d'une confédération ; & l'on sait combien il s'en forme peu qui aient le bien pour objet.

B

On fait de même que l'efprit de corps règne tyranniquement fur l'opinion de ceux qui le compofent. En avoir une autre, c'eft, dit-on, manquer au corps : c'eft un crime jamais pardonné, dont on reçoit tôt ou tard la punition, & le courage de s'y oppofer manque ; de-là réfulte toujours cette quantité d'adhérens aux volontés des chefs.

> Qu'un feul vienne à figner, un autre fignera ;
>
> Et puis tous figneront, tant qu'il en furviendra (1).

Le Colonel d'Arçon fe nomme auteur de cet écrit, qu'il deftine à l'Apologie des Principes de fon Corps ; mais il n'eût jamais dû fe charger de tenir la plume, car il eft obligé de me combattre avec des principes contrai.es à celui qu'il a employé pour la juftification de fes *batteries flottantes*. Il a dit, dans fon Mémoire pour fervir à l'Hiftoire du Siége de Gibraltar, imprimée à Cadix en 1783, chez Hermès, page 43, N° 4.

----

(1) Nous avons une preuve écrite que la fignature de M. *de Chambre*, Maréchal de Camp, & Directeur des Fortifications à Metz, fe trouvant du nombre de celles qui font à la tête de la Brochure dont il s'agit, y a été imprimée fans fon aveu, & fans que l'ouvrage lui ait été communiqué.

Cet Ingénieur, qui n'eft pas un des *maniaques* de fon corps, a trouvé cette manière d'agir, de la part du Colonel d'Arçon, très-déplacée, au point qu'il lui en a écrit les reproches les plus forts, lui enjoignant de ne plus à l'avenir faire ufage de fon nom fans fon aveu : cet Officier, plus fage que la plupart de ceux portant le même uniforme, penfe que des écrits tels que celui du

" *Il ne faut rien prévoir à la guerre, fi l'on ne veut*
" *pas adopter en principe, que fix pièces d'artillerie en feront*
" *taire une dans tous les cas.*"

Il l'a dit, pour prouver que fans *l'ignorance & la baffe
jaloufie*, dont il taxe la Nation Efpagnole, fes batteries
flottantes auroient détruit entièrement la ville de Gibraltar,
& peut-être même rafé la montagne : elles ont au contraire
été rafées, ce qu'il n'a pas dû trouver la même chofe ;
& comme ce n'eft pas la faute de fes batteries, c'eft vifiblement celle des Efpagnols. J'avois jugé, avant l'événement,
que quelque caufe *furnaturelle* s'oppoferoit à ces prodigieux
effets : un officier général vivant pourroit encore le té-
moigner.

C'eft cependant fur un principe contraire qu'il fonde
aujourd'hui toute la critique de mes méthodes.

Colonel d'Arçon, font faits pour faire un tort infini au Corps entier ; il
s'en eft expliqué ainfi publiquement à Metz en nombre d'occafions: fon
fuffrage a d'autant plus de poids, que nous favons qu'il s'eft procuré tous les
volumes de notre ouvrage aux époques où ils ont paru ; qu'il les a médités,
& qu'il a dit plufieurs fois, " qu'on ne pouvoit contefter à fon auteur le titre
d'inventeur, & ne pas lui accorder que fon ouvrage étoit fondé fur d'excellens
principes, & rempli de découvertes très-utiles à l'art.

Il eft malheureux que cette vertu foit fi peu commune dans le Corps :
mais elle y fera encore plus rare ; car cet excellent Officier eft un de ceux
fur lequel eft tombée la grande réforme faite dans le Corps. Peut-être a-t-il
été jugé penfer trop bien pour y être confervé.

B 2

Les Mémoires dans lefquels je me fuis trouvé d'une opinion différente de M. de Caux, Directeur des fortifications de Cherbourg, font précédés d'une Epitre dédicatoire à MM. les Officiers du Génie. Me confiant fur leur loyauté, je les ai pris pour juges entre M. de Caux & moi. Cette manière franche de differter n'a pas trouvé d'imitateurs ; ils fe font déclarés partie dans ce différend, en confervant le droit d'en être les juges : ils ont fait plus ; ne trouvant aucun moyen d'affoiblir mes répliques à M. de Caux, ils n'en ont fait aucune mention, pour attaquer encore mes nouvelles méthodes, non par de nouveaux moyens, mais par les mêmes dont la réfutation déjà citée eft reftée fans réplique de leur part. Et quels font ces moyens ? C'eft de foutenir, " Qu'une grande fupériorité d'artillerie de la part " de l'affiégé, couverte dans de bonnes cafemates, n'em— " pêchera pas qu'une artillerie très-inférieure de l'affiégeant, " placée dans fes parallèles tout à découvert, ne la détruife, " & ne faffe qu'un amas de décombres des cafemates " même."

Mais entendons fur ce curieux chapitre, M. le Colonel d'Arçon : il dit, pages 8 & 9,

" Les fronts de fortification, dans l'étendue que peut embraffer une attaque, " ne peuvent comporter qu'un nombre déterminé de bouches à feu, & ce " nombre a toujours été fubordonné à celui des attaquans : *cela eft* " *affez connu.*"

Erreur. Il n'y a rien de moins *connu*. C'eſt au contraire aux attaquans à proportionner le nombre de leur artillerie à celui de l'attaqué ; ce qui leur eſt évidemment impoſſible devant les places, ſuivant le nouveau ſyſtême.

> " Mais on peut doubler ce nombre, on peut le tripler, & même le
> " quadrupler, par le moyen de différens étages de caſemates ; voilà le
> " ſecret de l'auteur des ſyſtêmes. Il ne reſte qu'une grande difficulté,
> " c'eſt celle de pouvoir faire agir *ſimultanément* cet appareil de canons."

Pourquoi ne pourroient-ils pas tirer enſemble, s'il eſt néceſſaire ? En avançant ce fait, M. d'Arçon eût du le prouver.

> " Et puis, l'on verra *enſuite* qu'il y a impoſſibilité de pouvoir même les faire
> " agir ſucceſſivement."

L'auteur s'eſt diſpenſé de faire voir *enſuite* comment il étoit impoſſible qu'elles puſſent agir ſucceſſivement, & l'on ſent que cette impoſſibilité ne peut exiſter. Encore ici, omiſſion de preuve.

> " En effet, ſi les pièces couvertes dans les caſemates jouiſſent de l'avantage
> " de ne pouvoir être en priſe dès la ſeconde parallèle."

Elles ne ſont point en priſe dès la ſeconde parallèle, comme le dit M. d'Arçon, parce qu'elles ne peuvent être priſes en rouage dans leurs caſemates, comme le ſont toutes celles placées ſur les remparts, ſuivant les méthodes FUNESTES que ces Meſſieurs veulent conſerver.

« Par un retour inévitable, elles ne découvrent point non plus les batteries
« attaquantes de la seconde parallèle. »

Comment M. d'Arçon n'a-t-il pas démontré fur un plan,
ce *retour inévitable* ? La pofition refpective des batteries eft
la démonftration de ce qu'elles peuvent les unes fur les
autres ; mais la conféquence eft contraire à la vérité.
Les pièces de l'affiégé dans les cafemates voient parfaitement
& en grand nombre, chaque batterie que l'affiégeant voudroit
établir dans fa feconde parallèle, comme je l'ai démontré
Planche première du VIIᵉ Volume, faifant ma Réponfe
aux Ingénieurs ; car je n'ai jamais établi d'opinion qu'elle
n'ait été démontrée par des planches. M. d'Arçon s'en
difpenfe par-tout, comptant fur la confiance que fes talens
& *fes fuccès* lui ont mérité.

« L'auteur du fyftême fe montrera dans fa défenfe, ou bien il fe cachera dans
« fes cafemates ; & fans doute il fe cachera ; car s'il ofoit fe montrer en
« totalité, fi la partie occupée pouvoit découvrir, je fuppofe, jufqu'à
« 300 bouches à feu, il n'y auroit donc point de contrefcarpe. »

Cette conféquence encore n'eft pas jufte. Le polygone
angulaire gravé Planche XXII, XXIII & XXIV du fecond
Volume de la Fortification Perpendiculaire, a un grand foffé
avec fa contrefcarpe ; (M. d'Arçon ne le connoît donc pas ?)
& cependant l'on voit, Planche première de la Réponfe aux
Ingénieurs, que ce polygone peut réunir contre la batterie (*t*),
placée dans la feconde parallèle, 227 pièces de canons,
165 contre la batterie (*a*), 125 contre la batterie (*u*), 120

contre la batterie (*b*), & le même nombre fur chacune des batteries femblables, placées devant l'autre partie du polygone. Ainfi l'auteur paroît par-tout raifonner, fans avoir la moindre idée des chofes dont il parle ; c'eft un rapporteur qui femble n'avoir pas lu aucune des pièces du procès qu'il juge ; & tous fes collègues affiftans ont opiné du *bonnet*.

  " Et dans ce cas, *le compofiteur* n'ayant donné que quatre pieds d'épaiffeur
  " aux murailles de fes cafemates, feroit battu de loin ; on ruineroit fes
  " embrafures ; on mettroit *les caves* au grand jour ; on ouvriroit des
  " brêches enfin ; & les attaquans feroient ainfi difpenfés des travaux
  " pénibles & meurtriers des *cheminemens*."

S'il n'y avoit point de canons dans des cafemates, dont les murs auroient 4 pieds d'épaiffeur, en euffent-ils 6 & 12, une feule pièce de canon de l'affiégeant fuffiroit pour les abattre, en y employant le temps néceffaire. Mais que ces cafemates puiffent en oppofer 20 contre une, qui eft-ce qui fera détruit d'une pièce ou de 20 ? Cette objection relative à l'épaiffeur des murs des polygones angulaires, n'en eft point une contre ce fyftême, parce qu'on peut en régler l'épaiffeur à volonté, fans rien changer à fon tracé ; de même qu'on peut donner différentes épaiffeurs aux revête- mens des fronts baftionnés, fans qu'il y ait aucune différence dans le fyftême. Où va-t-on chercher de femblables objec- tions ? J'y ai déjà répondu deux fois ; les fera-t-on re- paroître encore ?

« Remarquez que fe tenant ainfi à grande diftance, les affaillans n'auroient
« pas même befoin de la fupériorité du nombre des canons ; il leur fuffiroit,
« dans ce cas, de dérober le premier *appareil* de leurs batteries par
« des *maffes pleines* ; ils les tiendroient *mafquées*, & fe donneroient tout
« le temps néceffaire de les confolider. Que feroit alors l'artillerie des
« cafemates, fuppofées découvertes ? Elles batteroient très-inutilement
« les maffes de terre fervant de *mafque* aux préparations des batteries de
« l'attaquant ; mais celles-ci tout-à-coup démafquées, *ruineroient dès les*
« *premiers coups* la mince enveloppe des cafemates. Le moindre *figne* de
« brêche feroit trembler les défenfeurs ; ils fe rendroient, & d'autant
« plus promptement, qu'ils ne feroient raffurés par aucuns flancs, ni par
« aucuns foffés. On voit que, dans cette fuppofition, il n'y auroit
« réellement pas de défenfe, & l'attaque fe réduiroit à une cannonade
« lointaine, qui ne dureroit pas trois jours. »

On ne croit pas qu'il foit poffible d'imaginer un roman
plus dénué de vraifemblance, & plus mal écrit : mais
l'Ingénieur qui ofe le préfenter, s'eft bien gardé de tracer
ces grands moyens fur le papier, d'y défigner les endroits
où il opérera ces grandes brêches, où font les parties de
l'enceinte angulaire qui font *fans aucun flanc*, lorfque dans
ces fortes d'enceintes tout eft flanc. Aucuns plans ne font
joints à cette étonnante production : ce font tous raifonnemens vagues, n'appuyant fur aucune bafe, dénués de toutes
preuves, & prononcés avec une confiance dont il feroit
difficile de trouver d'exemple.

Voilà donc des *maffes pleines mafquées* que vous élevez
tout-à-coup, M. le Colonel d'Arçon ; que vous confolidez
de manière, à ce que le feu de 227 pièces de canons, qui

peuvent

peuvent fe réunir fur là batterie *t* (Planche première déjà citée), n'y mettra aucun obftacle ; & cette maffe tout-à-coup démafquée, *ruinera dès les premiers coups la mince enveloppe des cafemates* ; tandis que votre batterie de 6 pièces reftera en fon entier fous le feu des 227 dirigées contre elle. On a beaücoup à regretter de ne pas trouver en quel endroit l'auteur prétend placer cette *grande maffe* ; de n'en pas avoir la longueur, la largeur & hauteur, ni de favoir en combien de temps il compte l'avoir élevée : en peu d'heures fans doute ? On voit bien, M. le Colonel, que vous ne faites pas là votre métier ; auffi le faites-vous bien mal. C'eft au Corps de l'Artillerie feul qu'il appartient de faire des batteries dans les parallèles, & des batteries en brèche. C'eft à ce Corps qu'il appartient feul de décider des effets poffibles de l'artillerie, dans l'attaque & la défenfe des places.

> Je fais peu de mufique, & fais de mauvais vers ;
>
> Ainfi je pourrois bien juger tout de travers.

Le modefte M. Philinte fe fut fans doute exprimé ainfi en femblable occafion.

Il faut encore citer M. d'Arçon dans quelques autres endroits où il fe diftingue par fa manière de raifonner ; car de le fuivre pas à pas, ce feroit une tâche auffi fatiguante qu'inutile. Il dit, page 31,

C

" Cependant M. de Montalembert redouble d'efforts
" pour faire paffer fes propofitions à la faveur DE QUELQUE
" APPARENCE DE PRINCIPES." Il cite pour exemple celui-ci:
" *Que la fortification qui pourra donner, fur chaque point de*
" *fa circonférence, une plus grande quantité de feux & mieux*
" *couverts, eft toujours celle qui doit être préférée.*" (Page 24.
du premier Mémoire.) Il faut remarquer que ceci eft appellé
une *apparence* de principes.

" Or, dit M. d'Arçon, il n'y a peut-être rien de plus
" *infidieux* ; car en ne l'admettant pas (ce principe), un
" adverfaire *cauteleux*," (*infidieux, cauteleux,* termes hon-
nêtes & très-convenablement placés,) " ne manqueroit pas
" de fuppofer que nous rejettons le plus puiffant de tous
" les moyens, *tandis que, par le fait, les feux les plus redou-*
" *tables feront ceux que nous préférerons toujours.*"

En ce cas vous devez donc préférer les plus nombreux,
& cette *apparence* de principes en devient un véritable, que
vous adoptez le moment d'après. Pourquoi ne le fuivez-
vous donc pas dans vos conftructions, & préférez-vous le
fyftême qui en donne le moins ? Suivons M. le Colonel.

" Rien n'eft encore plus *féduifant* (continue-t-il) que
" cette LUEUR *de principes* .... CELUI - LA FOURNIT
" PLUS DE FEUX, DONC IL DOIT ETRE PRÉFÉRÉ. Rien.
" de plus naturel."

Vous avez bien raiſon, RIEN N'EST PLUS NATUREL.
Pourquoi donc le conteſtez-vous ?

" Mais *Si*, ce grand feu ne pouvoit agir, ni dans ſon
" enſemble, ni même ſucceſſivement ; (1ᵉʳ *Si.*) *Si*, la
" réunion d'une artillerie énorme ne pouvoit ſe concilier
" avec l'infériorité ordinaire des défenſeurs ; (2ᵉᵐᵉ *Si.*) *Si*,
" les établiſſemens néceſſaires à ces MONSTRUEUX appareils
" exigeoient des dépenſes inadmiſſibles ; (3ᵉᵐᵉ *Si.*) Enfin,
" *Si*, d'une pareille cumulation de canons, il n'en réſultoit
" autre choſe ſinon que, plus on en entaſſeroit, plus on en
" feroit tomber au pouvoir de l'ennemi ; (4ᵉᵐᵉ *Si.*) Que
" deviendroit ce principe ? Voilà pourtant où l'auteur
" voudroit nous conduire."

Et voilà également où je voulois amener le lecteur,
pour le mettre dans le cas de ne jamais douter qu'avec une
certaine quantité de *Si*, tout peut devenir impoſſible. Il
falloit donc en ajouter un de plus : *Si les poudres étoient
mouillées*. On peut juger maintenant comment il a détruit
ce principe fondamental de l'art défenſif, après l'avoir admis
lui-même.

Mais un des plus grands ridicules que me donne l'auteur,
c'eſt d'avoir cru aux moyens de rendre nos frontières impé-
nétrables à l'ennemi : il établit tout d'un coup, ſans entrer
dans aucun détail, un calcul de pluſieurs milliards, pour ſe

donner la *satisfaction* d'en affirmer l'impoffibilité, & en conclure l'extravagance. A ce titre, j'aurois dû attendre de fon équité, qu'il m'eût du moins traité comme on a traité les idées de l'Abbé de Saint-Pierre, qu'on a appellé les *rêves d'un bon Citoyen*. L'on pourroit ajouter, *& les vœux de l'humanité.* Il refte à favoir fi c'eft également faire le devoir de bon citoyen, que d'accumuler ainfi les impoffi-bilités contre toutes les nouveautés dont l'art des fortifi-cations pourroit tirer de fi grands avantages.

Par exemple, M. le Colonel d'Arçon rejette mon projet du Fort Royal à Cherbourg, & ne balance point à préférer celui exécuté, quoique le premier puiffe donner 92 coups de canons par décharge, tandis que le fecond n'en peut donner que 24, parce que, dit-il, ces 24 feront tirés à boulets rouges. Mais en tirant les 92 à boulets rouges, irez-vous jufqu'à prétendre qu'ils feront moins d'effet ? Les 24 font fuffifans, fuivant vous : qu'eft-ce qui vous l'a dit ? Seroit-ce feulement *votre certaine fcience & puiffance Royale ?*

Vous affirmez " que des vaiffeaux emboffés devant le
" Fort projetté, capable de 92 coups par décharge, l'auront
" renverfé en un inftant, tandis que celui exécuté, dont
" les murs n'ont que deux pieds de plus, réfiftera à tous
" leurs efforts, avec fes 24 coups par décharge tirés à
" boulets rouges." D'abord rien n'empêche de donner aux murs du fort projetté, la même épaiffeur qu'à celui

exécuté. Mais où avez-vous pris cette opinion ? Vous faites encore là un métier qui n'eſt pas le vôtre : vous décidez que les vaiſſeaux auront plus d'avantages en attaquant un fort, dont les feux ſont quadruples d'un autre. C'eſt au Corps de la Marine ſeul de choiſir lequel de ces forts il préféreroit d'avoir à attaquer avec des vaiſſeaux emboſſés : il eſt vraiſemblable qu'ils ne choiſiroient pas celui qui pourroit leur envoyer 92 coups à boulets rouges par décharge.

D'ailleurs s'il étoit vrai qu'un fort capable ſeulement de 24 coups de canons par décharge fût ſuffiſant, pourquoi en conſtruire un avec la même capacité, & plus de maçonnerie qu'il n'y en a dans celui capable de 92 ? Faites donc ce fort bien moins conſidérable, ſi vous penſez que 24 coups peuvent ſuffire.

Mais à qui perſuadera-t-on que 24 coups de canons à eſſuyer d'un fort, fuſſent-ils à boulets rouges, empêcheront une eſcadre de forcer à pleines voiles l'entrée d'une rade, dont les paſſes n'ayant de défenſe que d'un ſeul côté, ont, ſavoir, la plus étroite, environ 500 toiſes de large, & l'autre 1100, & que les 92 coups du fort projetté ſeroient de beaucoup ſurabondans ? Quand M. Dügué-Trouin a franchi le goulet de la rade de Rio-Janeïro, y auroit-il réuſſi ſi le fort qui eſt à ſon entrée eût été capable d'un pareil feu ? Mais encore une fois, M. le Colonel d'Arçon n'eſt point juge compétent d'un pareil fait, & je ne l'ai point foumis à fa décifion. Sans en favoir plus que lui à cet égard, j'ai penfé tout bonnement, qu'un fort dont l'effet eft de 92 coups de canons à tirer à la fois pour la défenfe de la paffe d'une rade, valoit mieux que celui qui n'en oppoferoit que 24. Car de fuppofer le cas que des vaiffeaux entreprendront jamais de venir battre en brèche un pareil fort, c'eft une fuppofition que je n'ai pas faite, & qu'aucun marin ne fera jamais.

Quelque défir que je puiffe avoir d'abréger, il faut néceffairement que je place encore ici mes obfervations fur quelques autres fujets de critique de M. le Colonel d'Arçon.

Sur le fort de l'Ile d'Aix, par exemple ; on fent bien que ce fort, imaginé & exécuté par un *ufurpateur* des droits du Corps, ne peut être épargné. M. d'Arçon convient bien que le projet pour l'Ile d'Aix, donné par feu M. *Filley*, à la tête de fon Corps, dont le devis montoit à plus de 16 millions, étoit mauvais. Cet ancien Officier général étant mort, on peut impunément méprifer fes productions: il n'eft plus là pour les défendre, ni pour s'en venger. Mais combien ne fuis-je pas répréhenfible d'avoir fubftitué, en temps de guerre, dans le befoin le plus preffant, au projet inexécutable de M. Filley, celui d'un Fort en bois, capable de pouvoir réunir, fur chaque point de la rade, une auffi grande quantité de feux couverts ; tandis que, fuivant l'habile critique, une batterie ne donnant qu'une petite partie des feux dont le Fort en bois eft capable, eût fuffi, parce qu'elle n'auroit pas manqué de tirer à boulets rouges. Mais, M. d'Arçon, permettez-moi de vous obferver que cette grande quantité de feux du fort dont il s'agit, devoit être également à boulets rouges. J'avois fait conftruire plufieurs fourneaux avec tous les inftrumens néceffaires pour exécuter ce fervice ; & nommément j'avois fait faire nombre de *culots* de bois & de tôle, deftinés à fuppléer aux bouchons de terre glaife, qu'on place entre la poudre & le boulet rouge, fur lequel il faut enfoncer un valet de glaife, en rifque d'em- porter les bras des canonniers, fi quelque grain de poudre vient à communiquer le feu pendant qu'ils manœuvrent le refouloir ; tandis qu'au moyen de mes *culots* de bois terminés par un entonnoir de tôle, le boulet rouge s'engageant dans l'entonnoir, y étoit retenu ; ce qui donnoit le moyen de tirer le canon au-deffous de la ligne horifontale, fans avoir befoin d'introduire un valet de glaife pour le retenir.

J'euffe donc tiré à boulets rouges avec plus de promptitude & moins de rifque qu'en fuivant la méthode ordinaire ; & la petite batterie propofée par vous, n'auroit eu aucun avantage, à cet égard, fur les grandes batteries du Fort en bois, tandis que ces dernières auroient confervé celui du nombre de feux. A la vérité, c'eft un avantage qui excite le mépris de M. le Colonel par-tout où il le trouve, attendu l'inutilité dont il le qualifie. Il eût cependant été nécessaire, pour juger de tout le mérite de l'idée de cet Ingénieur, qu'il eût donné un plan *de sa petite batterie*, de son emplacement dans l'Ile, avec les détails de ses différentes proportions. Il laisse là-dessus le public dans une incertitude qui borne son admiration, & l'empêche de la porter au degré où elle doit aller, pour tout ce qui émane d'un Officier de ce mérite.

Ainsi on voit avec regret qu'il faut mettre cette *petite batterie*, avec la *grosse masse pleine* qu'il propose pour les batteries attaquant mes casemates, au rang des découvertes utiles que l'auteur se réserve pour lui seul, voulant sans doute avoir la gloire d'être le premier à les mettre en exécution. (1)

Enfin il va jusqu'à contester la durée de ce fort, uniquement parce qu'il est en bois ; car il ne peut rien alléguer contre la solidité ni de sa situation sur un rocher élevé au-dessus des plus hautes eaux, ni de sa construction ; mais étant en bois, il décide qu'il ne peut durer encore que huit ou dix ans. Pourquoi dit-il une telle chose ? tandis qu'il ne peut ignorer que le Fort Rouge, destiné à la défense de

la

---

(1) *N. B.* M. le Colonel d'Arçon m'impute de n'avoir formé le projet de ce fort à l'Ile d'Aix, que pour me procurer un débit avantageux de mes bois. C'est encore une autre erreur. Ceux qui m'appartiennent ne sont propres qu'à augmenter le nombre des *bûches* qu'on rencontre par-tout.

la jettée de Calais, y exifte depuis un temps infini, quoiqu'il foit élevé fur des bois debout enfoncés dans le fable, & battus continuellement par les plus groffes mers. Il fait de même que les jettées du fameux Port de Dunkerque n'ont jamais été défendues que par trois forts en bois, conftruits en 1680. Le château d'Efpérance, le château Verd, placés à la tête des jettées, & le château Gaillard, placé fur un de leurs côtés, les plans, coupes & élévations en font gravées. Ils fe trouvent nommément dans le Tome II de la Seconde Partie de l'Architecture Hydraulique. On y voit ces forts bâtis fur une plage de fable, n'ayant pour fondation qu'un affemblage de charpente à claire voie, élevé de 24 pieds, au haut de laquelle étoient établies les batteries avec le bâtiment deftiné à loger les troupes. Le tout étoit furmonté par les eaux de la mer de plus de 12 à 15 pieds au-deffus du lit de l'*Eftran*, & expofé aux efforts des plus violentes tempêtes. Ces forts n'ont cependant ceffé d'exifter qu'à la paix honteufe de 1713 ; & ils exifteroient encore fans les malheurs de cette fatale guerre, qui nous ont forcés à les démolir, ainfi qu'à combler ce port, d'un fi grand avantage pour le commerce.

Mais quelle fut la véritable caufe de ce dernier degré d'impuiffance où fe trouva le Royaume à cette époque ? Ne doit-on pas l'attribuer à la médiocrité de l'art défenfif, depuis que l'offenfif avoit fait de fi grands progrès par le génie du grand Vauban, véritablement grand dans la partie

D

de l'attaque : par lui il n'exifta plus de places fortes. En-
tendez Meffieurs les Officiers du Génie fur ce fujet ; ils
élèvent cependant aux nues ces mêmes places : les tréfors de
Louis XIV les avoient multipliées fur nos frontières. Ces
places, difent-ils, dont on ofe déprifer les méthodes, ne
font-elles pas d'une très-bonne défenfe, puifqu'elles ont
fauvé l'Etat, puifque leur conquête a occupé l'ennemi pendant tant d'années ? Sans elles il feroit parvenu au centre
du Royaume.

Mais cela veut dire feulement qu'elles ont valu quelque
chofe, & ne prouve point du tout qu'elles ne puffent pas
être meilleures. Prétendriez-vous nous perfuader que ce
font les bonnes fortifications de Landrecy, qui nous ont valu
la paix ?

Une tracafferie entre la Reine d'Angleterre & fa favorite,
d'une part ; & de l'autre, le fiége de Landrecy, entrepris par
le Prince Eugène avec fes magafins à *Marchiennes*, ayant
occafionné la perte du corps qu'il tenoit à *Denain* pour les
couvrir ; font les feules caufes de la paix. Sans l'heureux
hafard de ces circonftances, l'ennemi venoit à Paris, &
toutes ces places n'euffent pu garantir le Royaume de
devenir fa conquête.

Peut-on foutenir qu'il n'en eût pas été autrement, fi elles
euffent été conftruites avec des méthodes d'un degré de

force fupérieure ; avec des méthodes qui euffent rendu nul l'effet du canon à ricochet inventé par Vauban ; qu'elles euffent enfin été capables d'une réfiftance décuple, comme on a lieu de croire que la poffibilité s'en trouve dans les reffources de l'art? Alors nos ennemis euffent bientôt reconnu l'inutilité de leurs efforts pour empêcher l'établiffement du Petit-Fils de Louis XIV fur le trône d'Efpagne ; alors les millions que ce Roi a dépenfés à les bâtir, euffent épargné tous ceux qu'il a dépenfés pour tâcher de les conferver. Quel tableau différent va donc nous donner cette feule fuppofition !

1°, Les finances de l'Etat n'euffent point été épuifées par cette longue & défaftreufe guerre de la fucceffion ; 2°, Un Roi de France n'eût jamais éprouvé l'humiliation des conférences de *Gertruidenberg* ; 3°, Dunkerque n'eût point été démoli. Jamais un Commiffaire Anglois n'eût fait la loi dans le royaume, & il l'a fait pendant 70 ans ; la monarchie Efpagnole n'eût point été démembrée ; l'Italie & les Pays-Bas fuffent reftés fous fa domination ; & toutes les guerres furvenues depuis pour fe difputer ces belles contrées, n'euffent point eu lieu. Et vous voulez, Meffieurs les Ingénieurs, qu'on admire un art fi impuiffant ! Vous voulez l'appeller un art confervateur ! Vous ne voulez ni travailler, ni permettre qu'on travaille à le perfectionner ; & vous n'êtes occupés que du foin d'écrafer, du poids de votre grande puiffance, quiconque ofe l'entreprendre : juftifiez, fi vous

D 2

le pouvez, de tels motifs ! Ce ne fauroit être en perfiftant à foutenir la bonté de vos méthodes évidemment infuffifantes, puifque vous ne feriez que prouver votre défaut de connoiffance dans l'art.

Mais citons quelque grande perte plus récente due à LA FOIBLESSE de nos places FORTES. La ville de Louifbourg, dans l'Ile Royale, nous en fournit un malheureux exemple. J'ai fait mention de cet événement plus en détail au quatrième Volume de mon ouvrage, page 49 & fuivantes ; & j'ai donné le plan de cette place, Planche VII du même volume ; on peut y avoir recours. Elle étoit la clef du Canada ; affiégée en 1745, elle ne put faire qu'une très-courte défenfe : cet exemple ne fuffit pas pour faire perdre l'eftime qu'on avoit d'elle. Un parent de mon nom, Capitaine dans les troupes compofant la garnifon de cette place, m'en ayant envoyé un plan, je reconnus qu'elle n'étoit défendue que par trois fronts baftionnés tout nuds, fans demi-lunes ni aucun dehors, dominés par une hauteur qui s'approchoit jufqu'à 50 toifes du chemin couvert du dernier baftion de fa droite ; un marais régnoit à fa partie gauche. La guerre étant furvenue en 1757, je ne pus me refufer de prévenir M. de Moras, alors Miniftre de la Marine, de tout le danger que cette place auroit à courir fi elle étoit affiégée, qu'elle feroit prife en peu de temps, comme elle l'avoit été en 1745. Je lui préfentai un projet d'ouvrages avancés fur la hauteur de la droite, qui la rendroient

beaucoup plus forte : ce Miniftre prit mon projet pour l'examiner, dit-il ; mais il le communiqua, & il fut fi bien raffuré, que peu de jours après, il me le rendit, en m'affurant
" qu'il n'y avoit rien à craindre pour cette place, avec la
" garnifon & les approvifionnemens qu'il y avoit fait mettre ;
" qu'il n'y avoit rien à y faire ; & que tout ce qu'il défiroit,
" feroit de la voir affiégée par les Anglois, parce qu'ils y
" échoueroient en y faifant une fi grande perte, qu'ils
" feroient hors d'état de rien entreprendre de long-temps
" contre nous." Je ne pus que gémir de fon aveuglement. Elle fut attaquée en 1758 ; elle fut prife avec 5,600 hommes de garnifon : les ennemis y prirent ou brûlèrent fix vaiffeaux de ligne avec quatre frégates ; ils y trouvèrent 220 pièces de canon, dix-huit mortiers, avec une grande quantité de munitions de guerre & de bouche. Cette perte entraîna celle de tout le Canada, où les fecours ne purent plus arriver ; & la fatale féqurité infpirée à un feul homme, décida du fort de toute l'Amérique Françoife. Et ce font là de bonnes places ! Et celles à conftruire doivent l'être dans les mêmes principes ! Oui, c'eft-là ce qu'il faut fe garder de contefter, fi l'on ne veut élever contre foi les plus puiffans adverfaires.

Auffi M. le Colonel d'Arçon prend-il avec chaleur contre moi le parti des trois fronts baftionnés conftruits à 300 toifes en avant de la ville du Port-Louis dans l'Ile de France. Il les juftifie comme devant faire partie d'un grand projet de fortifier cette ville. Il faut donc bien que je m'accufe ici. J'ai, il eft vrai, défapprouvé ces ouvrages, parce qu'en premier lieu, leur tracé m'a paru un des plus défectueux qu'on puiffe adopter dans le fyftême des baftions ; & l'on n'ignore pas le cas que je fais du plus parfait. Enfuite, parce qu'en fuppofant que ces trois fronts duffent faire partie de l'enceinte totale de cette ville, il faudroit une grande *férie* de baftions pour enfermer l'enceinte ; une grande *férie* d'années pour l'exécuter ; une grande *férie* de millions, pour en acquitter la dépenfe ; avec enfin une grande *férie* de mille hommes pour la défendre ; & qu'il refteroit du moins très-incertain fi la force de cette place ne confifteroit pas plutôt alors dans l'armée néceffaire à entretenir dans fon enceinte, que dans fes remparts, quoiqu'ayant tout le mérite que peuvent avoir des fronts baftionnés, dans quelque infériorité de proportions qu'ils aient été conftruits. Car, fuivant tous ces Meffieurs, ils font toujours d'un degré de force qui ne peut être furpaffé par aucune méthode, & fur-tout par mes poligones angulaires cafematés. Ici M. le Colonel en donne une raifon que je ne dois pas laiffer ignorer ; c'eft qu'il exifte, fuivant lui, des angles *morts* dans chaque rentrant, qui en rendent la défenfe nulle. Sur quoi il faut obferver que l'infpection feule de leurs plans, démontre que ces fortes d'angles n'exiftent dans aucun rentrant de mes fyftêmes ; d'où l'on pourroit inférer que M. d'Arçon s'eft permis de les juger fans avoir jamais regardé aucune des Planches où ils font développés dans les plus grands détails ;

ou bien il a voulu dire ce qu'il favoit n'être pas ; & ce dernier motif eft le feul qu'on puiffe admettre.

Mais pour confondre cette fauffe imputation, voyez le premier Volume, Planches X, XI, XVII & XVIII.

Le deuxième Volume, Planches XXII & XXIII.

Le troifième Volume, Planches VIII & IX.

En fera-ce affez pour perfuader M. le Colonel d'Arçon qu'il s'eft trompé ? Mais il n'eft pas befoin de le lui dire ; il le fait bien.

Enfin M. le Colonel défapprouve encore les reproches que j'ai faits dans mes Mémoires fur les forts de Cherbourg, relatifs aux énormes dimenfions qu'on a données aux embrâ-fures de ces forts. Il foutient que ces grandes ouvertures intérieures qui terminent ces grands entonnoirs, dont j'ai donné les plans, coupes & élévations, Planche VI, figures 8, 9, 10 & 11 du huitième Volume de mon ouvrage, font plus avantageufes pour les canonniers fervant ces pièces, que celles exprimées même Planche, figures 12, 13, 14 & 15 ; qu'ils y font moins expofés, parce que, fuivant lui, la quantité des boulets de canons, plus grande qui pourroit entrer par ces ouvertures, feroit moins à craindre que la quantité d'éclats de pierres qui entreroit par les petites ouvertures que je donne à celles que je propose d'y subftituer. Mais comment M. d'Arçon entend-il que de très-grands entonnoirs, tels qu'ils fe voient *fig.* 8, 9, 10 & 11, Planche VI du Volume déjà cité, recevant plus de boulets, produiront moins d'éclats de pierres ? Que l'on jette les yeux fur les figures 12, 13, 14 & 15, même Planche, il fera impoffible de ne pas conclure contre l'affer-tion étrange de M. le Colonel d'Arçon.

Mais il va plus loin ; il veut bien me donner ici une leçon ; il m'indique comment il faudroit que mes embrâfures fuffent faites pour n'avoir rien à défirer. Touché de fa bonté, j'ai voulu en profiter. J'ai fait exécuter le tracé qu'il me prefcrit ; mais j'ai reconnu avec regret que je ne ferois point dans le cas de lui devoir de nouvelles connoiffances, attendu que l'embrâfure qu'il me prefcrit, eft exactement celle qui fe trouve gravée Planche V de mon huitième Volume, figure 6 ; & que celle-là n'eft même pas la plus avantageufe qui fe trouve gravée fur cette planche ; car ce que j'ai appellé le col de l'embrâfure, eft plus ouvert que celui de la figure 5. Ainfi cet Ingénieur n'eft feulement pas en état de juger du mérite des plans qu'il a fous fes yeux.

Il n'en faut pas moins obferver ici que M. d'Arçon paroît inconféquent dans fon principe, que les grandes ouvertures font préférables aux petites ; principe qu'il lui a fallu abfo-lument établir pour défapprouver le tracé que j'ai fubftitué à

celui

celui qui a été exécuté. Mais cette erreur de fa part vient vifiblement de ce qu'il n'a aucune connoif-fance de ma théorie des embrafures, ou qu'il ne l'a pas entendue.

C O N C L U S I O N.

Que réfulte-t-il de ce qui précède? Qu'ayant pris MM. les Officiers du Génie pour juges entre mes opinions et celles de M. de Caux, ils n'ont combattu aucune des raifons que j'oppofe à ce Directeur des fortifications. Qu'ils fe font bornés à répéter contre mes fyftêmes, toutes les objections déja contenues dans leur précédent ouvrage, quoique leur folution fe trouve dans la réponfe que j'y ai faite il y a trois ans, ayant enfin fait lever les défenfes qu'ils m'avoient fait donner de la publier. Que j'ai donné dans plufieurs planches la démonftration exacte de tout ce que j'ai avancé dans cette réponfe, et ces démonftrations n'ayant pu être contredites, elles reftent dans toute leur force.

Mais enfin, je dis que ce n'eft point à aucun de MM. les Officiers du Génie à juger des effets du canon dans l'attaque et la défenfe de mes fyftêmes angulaires, que le corps feul de l'artillerie peut être compétent pour décider s'il penfe que la défenfe de

E

mes Polygones angulaires cafematés, tels que celui gravé planches XXII, XXIII et XXIV du IIe volume de mon Ouvrage, leur offre plus de facilité pour le réduire par la force, que le Polygone baftionné appellé *moderne*, donné par ces Meffieurs dans le volume qu'ils ont publié, planches I et II, et planches II et III de ma réponse aux Ingénieurs ou quelqu'autre que ce foit dans ce fyftême ; et enfin que s'ils avoient à foutenir un fiège dans l'un ou dans l'autre, lequel des polygones ils préféreroient.

De même c'eft au Corps de la Marine feul, à décider fi le fort que j'ai projetté, gravé figure 3, planche VIII de mon Mémoire fur Cherbourg, tome VIII, ne leur oppofera pas un obftacle plus grand à leur entreprife fur la Rade, que celui exécuté, dont le plan eft fur la même planche, figure première.

De là l'on voit que ces Meffieurs ont pris une peine bien inutile, en donnant dans cette Brochure, leur opinion fur des matières qui leur font entièrement étrangères. Ils ne font point les juges naturels des difficultés plus ou moins grandes, que peuvent oppofer, dans l'attaque et la défenfe des places, les différents fyftêmes fuivis dans leur conftruction. C'eft par l'artillerie qu'elles font attaquées ou défendues ; c'eſt le Corps de l'Artillerie qui en exécute toutes les manœuvres, qui en conſtruit toutes les batteries, c'eſt donc à lui à dire, quelles ſont les compoſitions qui leur fourniſſent le plus d'avantages. Il eſt bien libre ſans doute à MM. les Officiers du Génie, de dire, comme ils l'ont fait dans leur premier ouvrage, qu'ils *feront avancer leurs ſappes avec la même vîtesse sous un feu double d'un autre :* mais pour les en croire, il faudra ſavoir ſi les Officiers et Soldats Sapeurs qui ont à les exécuter, ſeront du même avis. C'eſt donc encore un point qu'ils ne peuvent décider ſeuls.

C'eſt cependant ſur de pareils principes qu'ils ſe fondent pour rejetter conſtamment des méthodes ſuſceptibles de tant d'avantages, et qu'ils *honorent leur auteur du plus grand mépris.* Mais il lui ſera bien permis, sans-doute, avant de ſe ſoumettre à ne recevoir qu'un pareil ſalaire d'un travail où il a employé plus de 3o années et une grande partie de ſa fortune, d'appeller d'un jugement ſi rigoureux au Corps de l'Artillerie, au Corps de la Marine et à toute l'Europe, à laquelle cette intéressante queſtion eſt ſoumiſe, et il a déja de quoi être bien raſſuré ſur ce qu'on penſe et de ſes méthodes et des obſtacles qu'on y oppose.

Mais en ſuppoſant tout ce qui peut être le plus

défavorable pour lui fur la valeur de fes recherches, il penfe être fondé à fe plaindre de ce que MM. les Ingénieurs n'ont pas mis plus d'honnêteté, plus de franchife, et même plus de décence à contredire un ancien Officier, dont les travaux, quelle qu'en puiffe être l'importance, doivent toujours paroître méritoires aux yeux de l'impartialité. J'ai toujours et par-tout dans mes écrits rendu juftice au mérite perfonnel de chaque individu compofant le Corps du Génie. Je les ai toujours regardés comme capables de porter plus loin leur Art. J'ai trouvé très-foibles en eux-mêmes les fronts baftionnés qu'ils veulent exécuter exclufivement par tout. En un mot, j'ai penfé que la fcience du tracé des polygones baftionnés n'étoit rien. Que toutes fes reffources, ou du moins celles mifes en pratique le plus fouvent, font des ouvrages à CORNES. Toutes nos places en font furchargées, et il ne peut en exifter de plus foibles, puifque ces fortes d'ouvrages ne préfentent en avant que deux très-petits demi-baftions ifolés des autres ouvrages de l'enceinte, et qu'ils n'en peuvent recevoir aucune protection. C'eft donc la plus mauvaife défenfe qu'on puiffe employer, et elle fe trouve par-tout ; je l'ai dit, et je l'ai imprimé. J'ai défapprouvé cette conftance d'un Corps fi refpectable, à vouloir faire de mauvaifes chofes. J'ai défapprouvé l'infouciance du Miniftère fur des objets auffi importants. J'ai regretté que, depuis tant d'années, l'autorité ne fût pas intervenue pour favoir à quoi s'en tenir fur ces nouvelles méthodes. Que falloit-il ? former un Confeil de Fortification fous la préfidence du Miniftre de la Guerre, compofé d'un certain nombre d'Officiers d'Artillerie, du Génie (1), des Généraux de ligne et d'Officiers de Marine pour ce qui concerne la défenfe des Rades ; et après une mûre difcuffion, décider les méthodes que le Corps du Génie feroit tenu de fuivre. Si la folidité de quelque conftruction étoit conteftée, on s'en remettroit à l'Académie d'Architecture, pour en décider. J'ai trouvé très-injufte d'être en butte, pour une fi bonne caufe, à des expreffions injurieufes dans des Ouvrages imprimés ; ai-je tort de m'en plaindre ? Qu'on me juge, voilà ma profeffion de foi ; et après l'avoir rendue publique, je n'ai plus d'autres vœux à former que ceux de pouvoir achever en repos une carrière fi traverfée et déja fi fort avancée.

---

(1) *N. B.* Tous ceux de Meffieurs les Officiers du Génie qui ont figné l'écrit du Colonel d'Arçon, auquel je réponds, s'étant mis en avant, pour prévenir que l'Art des Fortifications ne fût pas *infecté* de mes mauvais principes, ne peuvent plus faire partie des Juges qui auront à prononcer fur cette importante matière. Le feul fait d'avoir fait connoître leur fentiment, les en exclut de droit, et ils ont fûrement trop de délicateffe pour ne pas fe récufer eux-mêmes.

F I N.

LETTRE

LETTRE

D E

MARC-RENÉ DE MONTALEMBERT,

MARÉCHAL-DE-CAMP,

AU CORPS ROYAL DE L'ARTILLERIE.

Paris, le 29 Mars 1791.

MESSIEURS,

Il vient encore de paroître une prétendue réfutation de la préſente réponſe faite à la critique de mes méthodes, par ce même officier du génie, dont la grande célébrité eſt dûe à l'entrepriſe la plus déſaſtreuſe. (1)

Je n'ai point cherché à me procurer cette brochure. Je n'ai pas beſoin de la lire, pour être certain qu'à la place des principes il ne s'y trouve que des expreſſions dénigrantes et même injurieuſes. Sa manière eſt connue : ce ſeroit donc à n'en jamais finir, puiſque le même *athlète* reparoît encore dans

(1) *N. B.* **Les** Batteries flottantes de Gibraltar.

l'arêne avec la même affurance, pour y reproduire la même apologie des anciens fyftêmes baftionnés. C'eft un nouvel ANTHÉE. Comme je ne fuis pas un HERCULE, je ne lui répliquerai point.

Meffieurs les officiers du génie femblent n'avoir attaché leur honneur qu'à ne pas fouffrir que leur art foit perfectionné : ils euffent cependant pu le mieux placer *en se parant des importants services qu'ils ont rendus en tant d'occasions.* A la vérité la gloire qu'ils peuvent en acquérir dépend bien plutôt de leur grand courage et de leurs connoiffances mathématiques, que du plus ou du moins de temps qu'une place affiégée a oppofé de réfiftance ; puifque leur plus grande durée eft toujours dûe principalement aux forties fréquentes d'une nombreufe garnifon, et à l'art avec lequel votre corps, Meffieurs, fur des remparts tout à découvert, y foutient fes batteries en y facrifiant, avec la valeur la plus brillante, les trois quarts de ceux qui en exécutent le fervice.

Ceux-ci fans doute font véritablement intéreffés à voir perfectionner un art dont l'état actuel ne leur offre que des dangers infructueux. Car enfin, après que les hommes ont été tués, les affûts brifés par le ricochet et écrafés par la multitude des bombes, la place eft prife, et l'état y perd, avec tant de braves militaires, toutes les dépenfes faites pour fa conftruction et fon entretien. C'eft donc en définitif, vous, Meffieurs, qui devez vous occuper plus particulièrement de ce qui peut augmenter vos moyens dans la défenfe des places.

Tout ce qui concerne votre fervice a fait depuis long-temps l'objet de mes recherches. *Conferver l'artillerie sur le rempart des places assiégées, en multiplier la quantité dans le moindre espace possible*, CONSERVER LES HOMMES PRÉCIEUX PAR LEURS CONNOISSANCES ET LEUR VALEUR, *attachés à son service*, c'eft ce que je n'ai jamais ceffé d'avoir en vue dans toutes mes compofitions. Y ai-je travaillé avec quelque fuccès ? à qui eft-ce à en décider ?

Si en effet les nouveautés que j'ai propofées ont quelque mérite, il fera mieux fenti par ceux qui ont le plus à en profiter. Meffieurs les officiers du génie peuvent foutenir, tant qu'il leur plaira, que le tracé de leur *front bastionné* eft le plus avantageux à la défenfe, qui puiffe exifter ; fi vous n'êtes de leur fentiment, comment les en croire ?

C'eft encore à vous, Meffieurs, à décider fi vous préféreriez d'avoir à fervir une piece de canon dans l'embrafure exécutée au *Fort-Royal* de *Cherbourg*, gravée dans mon VIIIe volume, planche VI, figures 8, 9, 10, 11, à celle qui fe voit fur la même planche, figures 12, 13, 14 et 15. Ces deux embrafures
cafematées

cafematées ont la même étendue de champ de tir horizontal. Cependant, dans l'une, les canonniers fervants y font tout à découvert, tandis que, dans l'autre, à peine un feul y eft-il apperçu au moment feulement du pointé.

N'eft-il pas évident, à la feule infpection de ces figures, que des vaiffeaux venant à tirer leurs bordées en paffant devant de telles embrafures, tueront et mettront hors de combat tous les canonniers de l'une, tandis que ceux de l'autre ne pourront en être atteints ?

Mais de la forme fi défectueufe de ces embrafures, nouvellement conftruites à Cherbourg, dans un fort cafematé de cette importance, il réfulte que le foin de faire exécuter celles qui font à pratiquer en maçonnerie dans des murailles, devroit être attribué au corps de l'artillerie, comme il eft chargé de la conftruction de toutes celles qui font à pratiquer dans les parapets en terre. Il paroît hors de doute que, s'y trouvant autant intéreffé, il ne s'en exécuteroit plus avec des entonnoirs auffi meurtriers, tandis qu'il y auroit des méthodes connues de leur donner des tracés plus avantageux. Et elles fe trouvent dans mon IIe volume, planches XVII et XVIII, et dans la VIIIe, planche V, VI et VII.

De toutes ces confidérations il fuit que je dois

F

abſolument, Meſſieurs, abandonner à vos ſoins de faire adopter toutes ces méthodes, dans le cas où vous leur trouveriez l'utilité que je leur attribue ; et que je dois ceſſer de défendre une cauſe dans laquelle on me conteſte, *jusqu'à l'indécence*, les vérités les plus évidentes : elle le ſera bien mieux par vous, ſi vous la jugez bonne.

Je déclare donc que je ne répondrai rien à toutes ces vaines productions, viſiblement l'effet de l'amour propre le plus condamnable. Je regretterois les deux volumes que j'ai publiés, dont cette controverſe fait une grande partie (*), s'ils ne contenoient des détails fort inſtructifs, par les différentes conſtructions qui y ſont développées, ainſi que par des réfutations ſolides de tous ces lieux communs, employés pour induire en erreur et maſquer la vérité.

Affranchi de ce pénible ſoin, je pourrai librement à l'avenir continuer à étendre mes méthodes dans les différentes applications dont elles ſont ſuſceptibles. Cette carriere à parcourir eſt très-étendue. J'y ai déjà fait bien du chemin depuis mes premiers ouvrages gravés, et le champ qui me reſte eſt encore bien vaſte. *Tant il est vrai que les arts n'ont le plus souvent de limites que celles que leur donne l'indif-*

(*) *N. B.* Le Supplément au cinquième volume et la Réponſe aux ingénieurs formant les tomes VI et VII.

férence ou l'opposition des professeurs, occupés constamment à dénigrer tout ce qui ne vient pas d'eux !

La défenfe des places dépend principalement des effets de l'artillerie : par quelle fatale bizarrerie n'eft-ce donc pas à ceux chargés de les produire, à difpofer leurs remparts de la manière qui y conviendroit le mieux ? Ce corps a acquis, dans fes écoles et dans les exercices continuels qui s'y exécutent, les connoiffances les plus étendues en tous genres : il eft en état, autant qu'aucun autre, d'exécuter tout ce dont il pourra être chargé. Pourquoi fe trouve-t-il affujetti, depuis tant d'années, à des emplacements pour fes batteries, fur des remparts qu'il eût pu difpofer autrement, fi leurs tracés euffent été foumis à fes opinions ? Sa grande expérience eut produit les changements les plus utiles, s'il eut pu faire ufage de fes lumières dans cette partie. Pourquoi des recherches fi importantes ne font-elles pas l'ouvrage de deux corps fi diftingués par toutes les connoiffances qui s'y trouvent réunies ? *Le corps de l'artillerie et celui du génie* ont les mêmes objets à remplir ; l'un et l'autre doivent avoir voix prépondérante pour le choix des méthodes les plus avantageufes pour former les enceintes des places de guerre. Que l'émulation et la bonne foi regnent de part et d'autre, et l'on verra éclore de cet heureux *amalgame* les découvertes les plus utiles.

Après m'être chargé feul, depuis bien des années, d'accréditer des méthodes d'où dépend la fûreté de nos frontières, je dois remettre ce foin entre les mains de ceux qui peuvent les faire valoir avec plus de fuccès. La prépondérance d'un corps tel que celui de l'artillerie, prédominera facilement fur les menées clandeftines employées depuis fi long-tems par la baffe jaloufie. Un miniftre fe permettra enfin de croire que dix canons, couverts fous de bonnes voûtes, détruiront un canon découvert; et lorfqu'il verra fa foi, *jusqu'à présent si chancelante*, appuyée par une femblable autorité, il aura le courage de faire le bien, parce qu'il ne fe verra plus feul à en courir les rifques. Je donnerai donc tout ce que j'ai, je dirai tout ce que je fais; et je défie mes nombreux antagoniftes de m'ôter le mérite de mes intentions, ni de pouvoir jamais fe parer de la réfiftance continuelle qu'ils ont oppofée au fuccès de mes efforts bienfaifants.

Telles font, Meffieurs, les idées que ma vénération pour votre corps m'ont fait naître. Il y réfide inconteftablement, et au même degré, la valeur la plus ferme, l'intelligence la plus favante et le zèle le plus conftant. Car, enfin, l'artillerie eft tout dans les fiéges, et prefque tout dans la guerre de campagne; tandis que ceux à qui l'ufage en eft confié, favent s'y facrifier en entier, d'abord aux dépens de leur vie, ce

qui n'eſt jamais rien pour eux , mais toujours aux
dépens de leur repos. Combien de fois n'ai-je pas
eu occaſion, dans de longues marches, à l'armée,
et dans les ſaiſons les plus rudes, d'admirer leur conftance dans des fatigues que le courage ſeul pouvoit
faire ſupporter ! C'eſt donc le ſentiment de l'eſtime
la plus pure pour cet illuſtre corps, qui a été le véhi-
cule de mes travaux : et ſi j'ai le bonheur de con-
tribuer un jour à ſa conſervation , ainſi qu'à ſa plus
grande gloire, tous mes vœux ſeront remplis.

C'eſt avec ces ſentiments de dévoûment et de
reſpect que j'ai l'honneur d'être,

MESSIEURS,

Votre très-humble et très-
obéiſſant ſerviteur,

MARC-RENÉ DE MONTALEMBERT.

É T A T

DES PLANS EN RELIEF

Qui compofent les Cabinets de Fortification de M. le Marquis de Montalembert, à Paris, au mois de Septembre 1783.

OBSERVATION GÉNÉRALE.

Tous ces Plans, au nombre de quatre-vingt-neuf, font une fuite de Reliefs, qui forment un Cours complet de Fortification & d'Artillerie, depuis les anciens fyftêmes jufqu'aux nouveaux.

Ils offrent d'abord les moyens de perfectionner les anciens Remparts ; enfuite ils préfentent les nouveaux Syftêmes de M. le Marquis de Montalembert, avec les différentes applications qui peuvent en être faites. Ils offrent également les Modeles de tous les affuts en ufage, fur terre & fur mer, & ceux plus fimples qui doivent y être fubftitués, dont l'un des avantages eft de n'avoir qu'une feule compofition d'affut pour les Remparts des Places, pour les Siéges, pour les Côtes, pour les Pieces de bataille, & pour les vaiffeaux.

Ces differens Plans font faits fur des échelles, & exécutés avec autant d'exactitude que de propreté. Ils fe développent autant qu'il eft néceffaire pour en faire connoître l'intérieur, & chaque Plan eft renfermé à la clef dans fa boîte particuliere.

Ils forment tous enfemble huit Divifions.

La premiere Divifion marquée *A*, comprend les Plans en relief, appartenant au rétabliffement & amélioration, des enceintes baftionnées en ufage.

La feconde marquée *B*, comprend les Plans en relief, appartenant au fyftême angulaire, ou des poligones, fuivant les méthodes de M. le Marquis de Montalembert.

La troifieme marquée *C*, comprend les Plans en relief, appartenant aux Forts quarrés, fuivant les fyftêmes du même Auteur.

La quatrieme marquée *D*, comprend les Reliefs appartenant aux Forts triangulaires, fuivant les fyftêmes du même.

La cinquieme marquée *E*, comprend les Reliefs appartenant aux Forts ronds, foit pour les pays de plaine, foit pour occuper les hauteurs des montagnes, fuivant les mêmes fyftêmes.

La fixieme marquée *F*, comprend les Forts, propres à la défenfe des Rades, offrant des formes nouvelles, fuivant les fyftêmes du même Auteur.

La feptieme marquée *G*, comprend les Reliefs appartenant aux différentes batteries de Côtes, batteries de Remparts de Places, & aux conftructions d'embrafures, de différentes manieres entierement neuves, fuivant les mêmes fyftêmes.

La huitieme marquée *H*, comprend tous les Modeles relatifs à l'Artillerie, tant de l'ancienne que de la nouvelle en ufage, avec la conftruction de tous les nouveaux affuts, fuivant les méthodes de M. le Marquis de Montalembert, tant pour fes affuts à aiguille propres aux plus gros calibres, ainfi que pour les affuts de mortiers, & pour les affuts deftinés aux plus petites pieces de bataille, dont la manœuvre eft plus prompte & plus facile à exécuter, dans toute forte de terreins, & enfin pour les affuts propres à monter l'artillerie des vaiffeaux.

Dans le nombre de ces Plans fe trouve en relief les Fort & Batteries qui ont été exécutés à l'île d'Aix fous fes ordres en 1779, 80, 81, 82 & 83.

PREMIERE DIVISION MARQUÉE *A.*

PLANS EN RELIEF APPARTENANT AU RÉTABLISSE-
MENT DES ENCEINTES BASTIONNÉES EN USAGE.

XIV.
A 1. Repréfente un Baftion régulier avec fon revêtement de maçonnerie dans les grandeurs & proportions les plus communément en ufage. On trouve
fur fes remparts des batteries à merlons fuivant l'ancienne méthode. Des batteries fans embrafures dont
les canons font montés fur les nouveaux affuts de
Place pour tirer par deffus les parapets, tels que l'Artillerie les fait conftruire. Et enfin des batteries dont
les canons montés fur les nouveaux affuts à aiguille
du Marquis de Montalembert, font accollés deux à
deux, tirant derriere un parapet de huit pieds de
hauteur, par des embrafures couvertes, fuivant fes
nouvelles méthodes. On peut juger par ce feul
Baftion en relief des avantages ou défavantages de
chaque méthode.

XIV.
A 2. Repréfente le même revêtement d'un Baftion baiffé
& vouté d'un Contrefort à l'autre, pour pouvoir y
placer à couvert dans toute fon étendue une batterie
de canons, & une galerie de fufiliers. Les terres fépa-
rées du revêtement, & portées en arriere, forment
un foffé fec qui fépare le nouveau rempart du revêtement cafematé, la gorge du baftion eft fermée par
un rempart non revêtu, avec un mur crénelé en
avant.

XIV.
A 3. Repréfente le même revêtement baiffé & cafematé, & le même rempart du Baftion, avec la différence que le rempart fermant la gorge du baftion,
eft à revêtement cafematé.

XIV.
A 4. Repréfente un Retranchement interrompu par une
Tour angulaire élevée à la gorge du Baftion, qui
fait à elle feule un Fort qu'on ne peut prendre
qu'après l'avoir détruit à force de coups de
canons tirés d'une batterie conftruite par l'affiégeant
dans l'intérieur du Baftion même.

On a joint à ce Plan une autre Tour angulaire
dans des proportions encore plus avantageufes, que
l'on doit préférer fi l'on veut augmenter la force
du Baftion.

XIV.
A 5. Repréfente le même Retranchement que le n° *A 2,*
mais le parapet eft porté en arriere pour le féparer
de la courtine & en ifoler la galerie cafematée.

XIV.
A 6. Repréfente le Retranchement avec la Tour angulaire n° 4, mais le parapet eft porté en arriere comme le précédent, afin d'ifoler les parties cafematées de la courtine.

LXXXIX.
A 7 Front entier à deux baftions & une courtine, où
l'on voit tous les changemens dont les baftions font
fufceptibles pour devenir d'une beaucoup meilleure
défenfe : différentes pieces fe démontent pour en
faire voir l'intérieur.

La table de ce Plan eft de 4 pieds fur 3.

L'échelle eft d'un pouce pour 5 toifes, & elle
eft communément à tous les Plans marqués *A.*

SECONDE DIVISION MARQUÉE *B.*

PLANS EN RELIEF APPARTENANT AUX SYSTÈMES
ANGULAIRES OU DES POLIGONES.

Remparts à grandes proportions.

Tous les Plans défignés ainfi ont une troifieme
batterie couverte dominant fur la campagne.

XLVI.
B 1. Dodécagone de 180 toifes de côté à rempart
dans les grandes proportions du fyftême, répon-
dant pour l'étendue à un Dodécagone baftionné,
de 180 toifes de côté, ayant une troifieme batterie
couverte, dominant fur la campagne, avec un
couvre-face général qui forme fa premiere enceinte.

Ces Plans, Profils & Elévations fe trouvent
gravés dans le fecond Volume de la *Fortification
Perpendiculaire*, aux Planches XXII, XXIII &
XXIV, & fur la Planche XII du IVe Volume.

Nota. Le Dodécagone baftionné avec contre-
gardes, réduit dans les demi-lunes & lunettes
avancées, contient de 80 à 85000 toifes cubes de
maçonnerie.

Le Dodécagone angulaire ci-deffus dans les mêmes proportions ne contient que 55000 toifes cubes.

L'échelle du Plan en relief eft de 10 pouces
pour 100 toifes.

La grandeur de la table eft de 7 pieds 3 pouces
quarrés.

XXVIII.
B 2. Trois angles faillans de remparts à grandes proportions, faifant partie d'un Dodécagone angulaire
de 180 toifes de côte, avec une troifieme batterie
couverte, dominant fur la campagne, avec couvre-
face général & traverfes de maçonnerie cafematées.

Ce Plan étant dans la même conftruction que
le précédent, eft fait pour avoir ce fyftême dans
peu d'efpace.

L'échelle eft de 10 pouces 6 lignes, pour 150
toifes.

La grandeur de la table eft de 3 pieds 2 pouces,
fur un pied 11 pouces.

XXXVIII.
B 3. Un feul faillant faifant partie d'un Rempart angulaire à grandes proportions, tel qu'il eft exprimé.

tome III de la *Fortification Perpendiculaire*, Planches XXIII & XXIV.

Ce Plan particulier d'un angle saillant a été fait sur une plus grande échelle que les précédents, afin de rendre toutes les parties de ce système plus sensibles.

Les flancs, les remparts & les murs casematés se détachent pour en montrer l'intérieur.

L'échelle est d'un pouce pour 5 toises, ou 20 pouces pour 100 toises.

La grandeur de la table est de 3 pieds 10 pouces en quarré.

XVIII. B 4. Flanc casematé dans les mêmes dimensions que ceux des Plans nos 4, 5 & 6, mais sur une plus grande échelle. Ce Relief ne contient que deux des trois arcades du flanc.

XIX. B 5. A ce même Plan se joint une autre arcade du flanc casematé, qui fait avec le premier un angle droit, de maniere qu'on a en entier la partie du flanc retiré de l'angle rentrant ; ces Reliefs, dans la grandeur qu'ils ont, rendent ces flancs aussi sensibles que s'ils étoient exécutés sur le terrein. Ils sont coupés dans différents sens, de maniere qu'on en détache les parties nécessaires pour en laisser voir l'intérieur. Les embrasures y sont taillées comme elles le seroient en grand, avec des directions suivant les angles sur lesquels les canons doivent tirer. Ces embrasures sont garnies chacune de deux volets mobiles, & il s'y trouve 6 pieces de canon en batterie, montées chacune sur un affut à aiguille.

L'échelle de ces deux Reliefs est d'un pouce 2 lignes 9 points, pour une toise.

La grandeur du premier Relief n° 7, est de 13 pouces, sur 2 pieds 3 pouces.

Celle du second Plan n° 8, est de 13 pouces sur 9 pouces 6 lignes.

Remparts à moyennes proportions.

XVI. B 6. XVII. B 7. Les Plans 6 & 7 composent ensemble un angle saillant, dont les remparts à moyennes proportions sont exprimés Planches X & XI du premier Volume, avec la différence que les grands flancs casematés ont ici une troisieme batterie couverte, afin de faire voir qu'on peut faire les changements que l'on juge à propos, ou pour obtenir une plus grande force, ou pour diminuer la dépense. Tous les flancs des murs casematés de ce Relief se levent par partie & en font voir l'intérieur, pour en donner une entiere connoissance.

L'échelle est d'un pouce pour 5 toises.

Les deux tables ont 4 pieds 2 pouces, sur 2 pieds 8 pouces.

Remparts à petites proportions.

XI. B 8. L'angle saillant d'un rempart à petites proportions, pour former une enceinte de peu de dépense ;

ses flancs casematés ne sont que d'une arcade. Ce Relief est relatif aux plans & profils des Planches VIII & XIX du IIIe Vol.

L'échelle est d'un pied pour 5 toises.

La grandeur de la table est de 2 pieds 7 pouces, sur 2 pieds 11 pouces.

XXXIII. B 9. Un Octogone composé de 4 angles de 90 degrés, & de 4 de 60, formant une Place de guerre, dont les murailles casematées tiennent lieu de rempart, tel qu'il se trouve exprimé au IIIe Volume, Planche XXIII.

L'échelle est de 10 pouces 6 lignes pour 150 toises.

La grandeur de la table du Relief est de 4 pieds un pouce, sur 3 pieds 9 pouces.

XXXIV. B 10. Exagone à muraille casematée, sans rempart comme le Plan n° 9, tel qu'il se trouve au IIIe Volume, Planche XXIV.

L'échelle est de 10 pouces 6 lignes pour 150 toises.

La grandeur de la table est de 3 pieds 4 pouces quarrés.

TROISIEME DIVISION MARQUÉE C.

Forts quarrés.

XXVII. C 1. Le Fort-Royal exprimé en entier dans ce Relief est un quarré de 180 toises de côté, à caponniere, & cavalier casematé, ayant une troisieme batterie de rempart casematée, dominant sur la campagne, avec un couvre-face général, tel qu'il se trouve en entier avec ses attaques, Planches XXII du IIIe Volume, & en partie sur une plus grande échelle, Planches XIX & XX du second Volume. Fort impossible à réduire par la force.

L'échelle est d'un pouce pour 10 toises.

Grandeur de la table 3 pieds 9 pouces 6 lignes en quarré.

XXV. C 2. Partie du Fort-Royal. Les caponnieres & murs casematés de ce Plan, fait sur une grande échelle se démontent afin d'en montrer l'intérieur.

L'échelle est d'un pouce pour 5 toises.

La grandeur de la table est de 3 pieds 2 pouces 9 lignes, sur 4 pieds 2 pouces.

XXVI. C 3. Caponniere casematée du Fort-Royal, seule à trois batteries de canon couvertes, cette piece étant sur une beaucoup plus grande échelle, se démonte & s'ouvre de tous les sens, pour en mieux voir tout l'intérieur. On y trouve 57 pieces de canon de cuivre, sur leur affut à aiguille, placées sous des voutes à chacun leur embrasure. Le détail de ce Relief ne laisse rien à desirer. On en trouve les plans & profils sur les Planches XIX, XX & XXI du IIe Volume.

L'échelle est de 9 pouces 2 lignes 9 points pour 15 toises.

La grandeur de la table est de 2 pieds sur 13 pouces.

VIII.
C 4. Fort-Dauphin en entier ; c'est un quarré de 130 toises de côté seulement, à caponniere & cavalier casematé, tel qu'il se trouve au IIe Volume, Planches XII & XIII. Ce Plan ainsi que celui du Fort-Royal, est représenté dans le plus grand détail. Le Fort-Dauphin, d'une force inférieure à celle du Fort-Royal, n'a point de troisieme batterie couverte, ce sont des batteries à merlon suivant l'usage ; mais elles sont garnies de 120 pieces de canon de cuivre avec leurs affuts dans les proportions de l'échelle : sur un des côtés du quarré on y a placé un couvre-face général avec ses casemates & places d'armes retranchées, qui en augmente considérablement la force.

L'échelle est d'un pouce 5 toises.

La grandeur de la table est de 5 pieds 10 pouces sur 5 pieds.

VII.
C 5. Caponniere casematée en grand, avec ses détails & développement par étage, ayant trois batteries, dont deux couvertes & une supérieure à merlon, telle qu'elle est exprimée au premier Volume Planches XII & XIII. Cette caponniere casematée est garnie de 40 pieces de canon de cuivre montés sur leurs affuts à aiguille.

L'échelle est de 9 pouces 2 lignes 3 points, pour 15 toises.

La grandeur de la table est de 16 pouces 9 lig. sur 3 pieds 2 pouces 9 lig.

XLV.
C 6. Quarré de 290 toises de côté, dont la surface intérieure est de 84100 toises quarrées. L'octogone du Neuf-Brisac ne contient que 78000 toises quarrées. Chaque côté est puissamment défendu par un Fort à tour angulaire au centre, ce qui fait quatre Citadelles à réduire, avant d'être maître de la Place, & chacune n'a besoin que de 150 hommes de garnison, ce qui fait en tout 600 hommes, au lieu de 4800 hommes, dont la garnison d'une Place à huit bastions doit être composée. Cette Place n'est point gravée.

L'échelle est de 6 pouces pour 100 toises.

La grandeur de la table est de 3 pieds 4 pouces quarrés.

VI.
C 7. Fort à cavalier casematé exécuté en relief, la moitié en bois & la moitié en pierre, de seulement 70 toises de côté, tel qu'il est exprimé au IIe Vol. Planche VIII.

L'échelle est d'un pouce pour 5 toises.

Grandeur de la table 2 pieds 4 pouces quarrés.

V.
C 8. Petit Fort dans les mêmes dimensions des Redoutes faites par M. le Maréchal de Saxe, au siege de Maëstricht, de 26 toises de côté, avec caponniere casematée, cavalier casematé & mur en pierre crenelé, tel qu'il est exprimé Tome II, Planche V, suivant les figures de cette Planche nos 10, 11, 12, 13, 14 & 15.

L'échelle est d'un pouce pour 5 toises.

La grandeur de la table est de 21 pouces quarrés.

III.
C 9. Redoute exécutée par M. le Maréchal de Saxe au siege de Maëstricht, de 26 toises de côté, dont la moitié est avec des changements qui la rende d'une meilleure défense, & augmentée de caponniere en bois qui en défendent le fond du fossé.

L'échelle est d'un pouce pour 5 toises.

III.
C 10. Redoute dans les mêmes proportions, avec caponnieres casematées en maçonnerie & tour angulaire au centre.

L'échelle est d'un pouce pour 5 toises.

La table contenant ces deux Redoutes est de 21 pouces, sur 2 pieds 4 pouces.

I.
C 11. Redoute à flèche exécutée en 1761 au camp retranché dans l'île d'Oléron.

L'échelle est d'un pouce 2 lignes pour 5 toises.

Grandeur de la table 20 pouces quarrés.

II.
C 12. Fort à quatre redoutes à flèche.

Echelle d'un pouce pour 7 toises 3 pieds.

Grandeur de la table 20 pouces en quarré.

IV.
C 13. Angle rentrant casematé en pierre & en bois, pour servir à défendre les fossés de tous retranchements & ceux des Places de guerre d'une grande étendue.

L'échelle est d'un pouce pour 5 toises.

Grandeur de la table un pied en quarré.

QUATRIEME DIVISION MARQUÉE D.

Forts triangulaires.

XI.
D 1. Fort triangulaire à couvre-face général de neuf saillants, ayant à son centre une tour angulaire, enveloppée d'un rempart angulaire mixtiligne casematé, & d'un mur triangulaire crenelé de 94 toises de côté bordant le grand fossé. Cette Place exécutée suivant ses plans & profils seroit de la plus grande force.

L'échelle est d'un pouce pour 7 toises & demie ou 2 pouces pour 15 toises.

La grandeur de la table est de 2 pieds 8 pouces quarrés.

XII.
D 2. Rempart casematé triangulaire mixtiligne ; c'est-à-dire, dont les angles sont arrondis, ayant toute sa base angulaire, avec une tour angulaire au centre, servant de noyau au Fort ci-dessus no 27. Ce noyau a été exécuté en grand, pour pouvoir être développé, & faire connoître l'intérieur de ses différentes parties. Ce Relief est très-intelligible.

L'échelle est d'un pouce pour 2 toises.

La grandeur de la table est de 2 pieds 7 pouces en quarré.

IX.
D 3.
Fort triangulaire avec Tour angulaire au centre, cavalier & caponniere casematée, mur crenelé bordant le grand fossé de 114 toises de côté & couvre-face général.

L'échelle est d'un pouce pour 7 toises & demie.

La grandeur de la table est de 3 pieds 4 pouces sur 2 pieds un pouce.

XXXII.
D 4.
Fort triangulaire avec Tour angulaire au centre. Chaque angle faillant du triangle, retranché par des casemates dans ses rentrants, & terminés par des pieces en maçonnerie casematées d'une très-forte défense, le tout enveloppé d'un mur crenelé bordant le grand fossé qui se trouve défendu par trois faillants en maçonnerie casematés. Ce petit Fort peu coûteux, qui n'a que 78 toises de côté, est d'une très-bonne défense.

L'échelle est d'un pouce pour 5 toises.

La grandeur de la table est de 2 pieds en quarré.

XLIV.
D 5.
Grand Fort triangulaire de 172 toises de côté, avec une tour angulaire casematée, trois cavaliers casematés, & trois caponnieres casematées. Toutes ces pieces construites en bois & maçonnerie de charpente y tiennent lieu de voutes, elles font recouvertes de 5 à 6 pieds de terre. Le mur séparant le grand fossé du fossé sec étant aussi en bois & maçonnerie. Cette construction a pour objet une très-grande promptitude dans l'exécution. Cette Place est très-forte & ne demande qu'une foible garnison.

L'échelle est de 7 pouces & demie pour 50 toises.

La table est de 3 pieds 4 pouces quarrés.

CINQUIEME DIVISION MARQUÉE E.

Forts ronds.

XXXV.
E 1.
Grand Fort rond de 138 toises de rayon, à double enceinte de muraille casematée, avec double parapet circulaire féparés par un fossé sec ayant en avant un grand fossé plein d'eau, un chemin couvert & un glacis; ces différentes enceintes étant toutes circulaires. Cette Place est vaste, peu chere & d'une très-bonne défense.

L'échelle est de 7 pouces, pour 100 toises.

La grandeur de la table est de 3 pieds 4 pouces quarrés.

XXX.
E 2.
Fort rond propre aux pays de plaine à cause de son étendue, avec Tour angulaire au centre, à quatre batteries couvertes pour toute maçonnerie. Cette Tour, qui est de 12 toises 4 pieds 8 pouces de diametre, a une double enceinte extérieure casematée à base angulaire, ce qui donne pour le diametre total de cette Tour 16 toises. Le diametre du rempart rond qui l'environne pris à la crête de son parapet est de 55 toises, & le diametre pris par delà le grand fossé à la crête du glacis est de 159 toises.

L'échelle est de 10 pouces pour 100 toises.

La grandeur de la table en Relief est de 2 pieds 8 pouces quarrés.

XXIX.
E 3.
Fort rond propre aux pays de plaine, à Tour angulaire, de trois batteries couvertes, a 12 toises 4 pieds 8 pouces de diametre, comme celle du précédent Fort. Elle est placée au centre d'un rempart rond, dont le diametre pris à la crête de son parapet est de 29 toises 3 pieds, ayant dans sa circonférence quatre traverses casematées en maçonnerie, 2 pieces de canon dans chaque casemate & 8 en batterie couverte sur le rempart, un grand fossé en avant, & terminé par un chemin couvert & un glacis dont la crête a 80 toises 4 pieds de diametre.

L'échelle est de 29 pouces pour 48 toises.

Grandeur de la table 3 pieds 2 pouces sur 3 pieds 9 pouces & demi.

La hauteur de sa boîte est de 9 pouces 6 lig.

XLVII.
E 4.
Fort rond à Tour angulaire de 15 toises de diametre à 2 étages de batterie couverte, avec un rempart circulaire de 35 toises de diametre, environné d'un fossé sec, d'un mur crenelé bordant le grand fossé, terminé par un chemin couvert & un glacis circulaire dont le diametre, pris à sa crête, est de 104 toises.

L'échelle est d'un pouce pour 10 toises.

La grandeur de la table est de 17 pouces 6 lig. quarrées.

XII.
E 5.
Fort rond à Tour angulaire placé sur le haut d'une montagne en pain de sucre, de 10 toises de diametre, avec une enceinte circulaire en maçonnerie, vouté & crenelé, qui défend tout le tour de la montagne, telle qu'elle se trouve exprimée au second Volume, Planche XXXII.

L'échelle est d'un pouce pour deux toises.

Grandeur de la table, 3 pieds un pouce quarré.

La boîte de ce Relief a 15 pouces de hauteur.

Tour angulaire seule.

XIII.
E 6.
Tour à trois enceintes angulaires, ayant trois batteries découvertes fur ses trois terrasses à différentes hauteurs. Grand diametre 31 toises, moyen diametre 22, petit diametre 15 toises 3 pieds, telle qu'elle est exprimée au premier Vol. Pl. VII.

L'échelle est d'un pouce pour 2 toises.

Grandeur de la table 20 pouces quarrés.

La boîte a 16 pouces & demi de hauteur.

XLVIII.
E 7.
Tour angulaire telle qu'elle est gravée au Tom. II, Planches I & II.

L'échelle est de 29 pouces pour 48 toises, ainsi que le n° 34.

Grandeur de la table, 16 pouces quarrés, sur 8 pouces & demi de haut.

XLIX.
F 8. Moitié d'une Tour angulaire à arcade élevée à deux étages, de 9 toises & demie de diametre.

L'échelle est d'un pouce pour une toise.

La *table* servant de base à la Tour a un pied de diametre.

SIXIEME DIVISION MARQUÉE *F.*

Forts propres à la défense des Rades.

XXXI.
F 1. Fort triangulaire destiné pour un rocher de peu d'étendue avancé sur une mer profonde, formant une tête plus large & un col rétréci, qui le joint au continent, & qui oblige de supprimer des ouvrages du côté du front regardant la terre.

Ce Fort consiste en deux Tours angulaires de 18 toises 4 pieds de diametre, chacune ayant trois batteries couvertes & une sur la terrasse supérieure, liées par une courtine en maçonnerie, casematées à deux batteries couvertes. Cette courtine faisant un des côtés d'un triangle vouté de 60 toises de côté, construit entierement en maçonnerie, le tout enveloppé d'une batterie environnante casematée qui regne au long de la mer, tel qu'il se trouve exprimé au Tome III, Planches XV & XVI.

L'échelle est d'un pouce pour 5 toises.

La grandeur de la table est de 2 pieds en quarré.

L.
F 2. La moitié d'une des Tours du Fort n° F 1, avec sa batterie environnante, dont toute la construction intérieure est détaillée & se démonte pour en voir toutes les parties.

L'échelle est la même que celle du Fort ci-dessus n° F 1.

La grandeur de la boîte 7 pouces sur 4, & 4 pouces 6 lig. de haut.

LI.
F 3. Une partie de la Courtine du même Fort comprenant une arcade & deux demi-arcades voutées, dont toutes les faces se détachent pour faire voir les détails intérieurs & les dispositions des logements des soldats destinés à la défense du Fort.

L'échelle est de 3 pouces 1 ligne pour 5 toises.

La grandeur de la boîte est de 6 pouces 8 lig. sur 3 pouces 9 lignes, haute de 6 pouces 4 lig.

XXI.
F 4. Une partie de la même Courtine casematée beaucoup plus en grand, modele de 2 pieds 4 pouces sur un pied 10 pouces 6 lignes, & 2 pieds 6 pouces de hauteur.

L'échelle est de 9 pouces 9 lig. pour 12 pieds.

XXXIX.
F 5. Ce Fort, d'une construction entierement neuve, est destiné pour être placé à l'entrée d'une rade sur un rocher que la mer ne découvre jamais; c'est un triangle casematé tout en maçonnerie, dont chaque angle est couvert par une Tour angulaire. Une autre Tour s'éleve au centre beaucoup au-dessus du Fort, & sert de phare pour les vaisseaux.

Devant chaque angle du triangle, il se trouve une autre Tour angulaire isolée, & le tout est couvert par une batterie environnante en maçonnerie casematée à double batterie de canon. Il seroit impossible qu'aucun vaisseau pût approcher d'un Fort semblable.

L'échelle est d'un pouce pour 5 toises.

La grandeur de la table est de 2 pieds 5 pouces 6 lignes quarrées.

XX.
F 6. Fort à deux Tours angulaires, appellée Batterie Royale, avec la courtine casematée qui les lient, les centres de ces deux Tours sont distant de 60 toises. Cette batterie est telle qu'elle est exprimée Planches XVII & XVIII du IIIe Vol, étant très-bien défendue du côté de la terre.

L'échelle est d'un pouce pour 5 toises.

LII.
F 7. Fort avec les mêmes Tours & Courtines, ayant des défenses également des deux côtés.

Même échelle que le n° 6.

Grandeur de la table 2 pieds 2 pouces sur un pied 6 pouces.

Hauteur de la boîte 6 pouces 6 lignes.

XXXVI.
F 8. Fort de l'île d'Aix exécuté sur le terrain en 1779, 1780 & 1781, composé d'un Fort en bois percé de 54 embrasures à sa premiere batterie, 54 à la seconde, l'une & l'autre pour le calibre de 36, & de 18 à sa troisieme pour le calibre de 12; en dehors duquel est une batterie environnante percée de 23 embrasures, double montée de 46 pieces du calibre de 36, dont le service est totalement couvert & défendu des hunes des vaisseaux. Ce Fort en bois est couvert du côté de la terre par un front de fortification, rétabli suivant les nouvelles méthodes du Marquis de Montalembert, qui oppose à l'ennemi quatre enceintes à s'emparer successivement. Ce Plan en relief est exécuté avec la plus grande propreté & la plus exacte précision.

L'échelle est d'un pouce pour 5 toises.

La grandeur de la table est de 3 pieds 8 pouces sur 3 pieds 5 pouces.

XXXVII.
F 9. Projet d'un Fort en pierre pour l'île d'Aix, composé du côté de la mer comme le Fort ci-dessus n° F 1; excepté que les batteries environnantes casematées, ainsi que les Tours angulaires & les côtés du Fort, ont une étage de canon de plus, ce qui lui donne une grande supériorité de force. Le côté de terre est défendu par un front de fortification dans les mêmes principes, & semblable au front du Fort ci-dessus n° F 3.

L'échelle est d'un pouce pour 5 toises.

La grandeur de la table est de 3 pieds 8 pouces sur 2 pieds 11 pouces.

LIII.
F 10. La moitié d'une des Tours du Fort ci-dessus n° F 9, avec sa batterie environnante casematée à

deux étages de batteries de canon, dont toute la construction intérieure est détaillée & se démonte pour faire voir toutes les parties de la Tour. Ce modele est aussi proprement qu'exactement fait.

L'échelle est d'un pouce pour 5 toises.

Grandeur de la boîte 8 pouces sur 4 pouces 6 lignes, hauteur 5 pouces.

IV.
11.
Une partie de la Courtine casematée du même Fort n° F 9, comprenant une arcade & deux demi-arcades, dont toutes les faces se détachent pour en faire voir les détails intérieurs, & la disposition des logemens des soldats de la garnison.

L'échelle est de 3 pouces une ligne pour 5 toises.

Grandeur de la boîte 7 pouces sur 4 pouces, & sur 6 pouces 9 lig. de hauteur.

XL.
F 12.
Plan de partie de l'île d'Aix, avec le Fort tel qu'il a été détaillé ci-dessus n° F 8, comprenant le Bourg de cette île avec son enceinte fortifiée suivant la méthode des Tours angulaires, qui font chacun un Fort particulier, ou deux Citadelles liées par une enceinte angulaire défendue par ses casemates.

L'échelle est d'un pouce pour 10 toises.

La grandeur du Plan est de 3 pieds 8 pouces sur 4 pieds.

XLI.
F 13.
Plan de la même partie de l'île d'Aix, comprenant le Bourg & son enceinte, fortifiés de la même maniere employé ci-dessus au Plan F 12, avec un Fort en pierre semblable à celui ci-dessus n° F 9, à la place en Fort en bois n° F 8.

Echelle d'un pouce pour 10 toises.

Grandeur du Plan 3 pieds 8 pouces sur 4 pieds.

XLII.
F 14.
Deux travées en grand, du Fort en bois de l'île d'Aix. Chaque embrasure est armée de son artillerie du calibre de 36, montée sur des affuts à aiguille, dont les mouvemens se font en tous les sens.

L'échelle est de 9 pouces 8 lignes & demie pour 12 pieds; cette échelle est celle de tous les canons sur leur affut.

La grandeur du Modele est de 3 pieds 4 pouces 3 lignes de longueur sur 16 pouces de largeur, & de 2 pieds 2 pouces 8 lignes de hauteur.

LV.
F 15.
Deux travées du même Fort d'une construction différente, avec ses affuts & canons en batterie.

L'échelle est la même que le Modele précédent.

La grandeur est de 16 pouces sur 18, & 20 pouces de hauteur.

SEPTIEME DIVISION MARQUÉE G.

Batteries & Embrasures isolées.

XLIII.
G 1.
Quatre embrasures faisant parties des 46 de la batterie environnante du Fort de l'île d'Aix, avec ses merlons & traverses, dont toutes les pieces des embrasures doubles se démontent pour en faire distinguer la construction; ces quatre embrasures sont garnies de quatre pieces de canon de 36, mobiles sur leurs affuts à aiguille; on y trouve de plus un canon de 36 monté sur un affut de côté tel que ceux mis en usage par l'Artillerie, avec un autre canon du même calibre sur un affut à aiguille placé sur ses hausses, de maniere qu'il peut tirer par-dessus le parapet à la même hauteur que l'affut de côte; disposition faite pour faire voir que les affuts à aiguille peuvent être employés à tirer par dessus les parapets, s'il est nécessaire, tandis que les affuts de côte ne peuvent tirer dans des embrasures à la hauteur où tirent les affuts à aiguille.

L'échelle de ce Modele est de 9 pouces 8 lignes & demie pour 12 pieds.

La grandeur de ce Relief est de 6 pieds 3 pouces 6 lignes sur 2 pieds 4 pouces 9 lignes de large, & 7 pouces 6 lignes de hauteur.

XXII.
G 2.
Batterie droite à volets, & à un centre, armée d'un canon de 24 monté sur son affut à aiguille, pouvant tirer horisontalement sur un angle de 35 degrés. Embrasure construite dans un mur de 4 pieds d'épaisseur telle qu'elle est gravée au second Volume, Planche XVII, fig. 4, 5, 6, 8 & 9.

L'échelle est de 9 pouces 9 lig. pour 12 pieds.

La grandeur de la boîte est de 17 pouces 6 lig. 8 points, & de 7 pouces de hauteur.

XXIII.
G 3.
Batterie biaise à volets & à trois centres, armée de deux canons de 24 montés sur leur affut à aiguille; les embrasures biaises à volets peuvent tirer horisontalement à dix degrés du côté de l'axe de l'embrasure & à 45 degrés de l'autre. Il faut consulter, pour connoître l'effet des embrasures à plusieurs centres, les Planches XVII & XVIII du second Volume, & le Discours qui y est relatif.

L'échelle est de 9 pouces 9 lignes pour 12 pieds.

La grandeur de la table est de 17 pouces 6 lig. sur 22 pouces, & sur 7 pouces de hauteur.

XXIV.
G 4.
Batterie droite à volets circulaires & à trois centres, armée d'un canon monté sur son affut à aiguille, pouvant tirer horisontalement sur un angle de 57 degrés d'ouverture, tel qu'il est exprimé Planche XVII du second Vol. fig. 11 & 12.

L'échelle est de 9 pouces 9 lignes pour 12 pieds.

La grandeur de la table est de 17 pouces 6 lig. sur 14 pouces, & 7 pouces de hauteur.

HUITIEME DIVISION MARQUÉE H.

Artillerie.

LVI.
H 1.
Affut de 36, armé de son canon, placé sur son chassis à aiguille ferré, comme il l'est dans l'exécu-

tion, faisant tout les mouvements que les pieces même peuvent faire.

L'échelle est de 9 pouces 9 lignes 11 pieds, & cette échelle est commune à tous les modeles d'Artillerie.

LVII.
H 2.
Affut & chassis de 36 semblables au précédent.

LVIII.
H 3.
Affut & chassis de 36 avec quelques différences dans la proportion des bois.

LIX. H 4.
LX. H 5.
LXI. H 6.
LXII. H 7.
LXIII. H 8.
LXIV. H 9.
LXV. H 10.
} Affut & chassis de 36 semblables à l'affut H 3.

LXVI.
H 11.
Affut & chassis de 36 sur ses hausses de devant & de derriere, propre à tirer par dessus les parapets & tenir lieu de nouveaux affuts de côte, dont le Modele se trouve ci-dessous, côt s nos 21 & 22, avec cet avantage qu'il peut également tirer par des embrasures à la hauteur des précédents affuts à aiguille, en changeant seulement leurs hausses, de maniere que le même affut remplit les deux objets.

LXVII.
H 12.
Affut & chassis de 24, armé de son canon, sur ses hausses de devant & de derriere, propre à tirer par dessus les parapets des Places de guerre, & tenir lieu des nouveaux affuts de Place à trois roues, dont le Modele se trouvera ci-dessous côte n° 23, avec le même avantage qu'a l'affut de 36 n° 11, de pouvoir également tirer par des embrasures, en changeant seulement les hausses, de maniere que le même affut remplit tous les objets du service des Places.

Cet affut, au moyen d'un essieu & deux grandes roues assujetties sur le devant du chassis avec seulement deux boulons, & au moyen d'un avant-train adapté au bout de ses aiguilles, peut être conduit sur les remparts d'une Place & même dans la campagne dans tous les endroits où il sera jugé nécessaire, soit par des hommes, soit par des chevaux, suivant la longueur du trajet.

LXVIII. H 13.
LXIX. H 14.
LXX. H 15.
LXXI. H 16.
LXXII. H 17.
LXXIII. H 18.
LXXIV. H 19.
LXXV. H 20.
} Affuts & chassis de 24, armés de leurs canons, suivant la composition de celui qui se trouve gravé Tome premier, Plan XIV de la *Fortification Perpendiculaire*.

LXXVI. H 21.
LXXVII. H 22.
} Affuts de côte, avec leur chassis de 36, armés de leurs canons, tels que l'Artillerie les a fait construire depuis cinq ou six ans, & dont toutes les batteries sur les côtes ont été montés.

LXXVIII.
H 23.
Affut de Place de 24 à trois roues, avec son chassis armé de son canon, tel que l'Artillerie les a fait construire pour pouvoir à l'avenir tirer par dessus les parapets tous les canons destinés à la défense des Places.

LXXIX.
H 24.
Affut de 24 à grand rouage & à flasques traînants, armé de son canon, tel que l'Artillerie les a toujours employés dans les siéges, soit pour les batteries à ricochet, soit pour les batteries en brèche.

LXXX
H 25.
Affut marin à quatre roues pour le calibre de 36, armé de son canon, tel qu'on les construit pour les vaisseaux & pour les batteries de côte.

LXXXI. H 26.
LXXXII. H 27.
} Affut de gros mortiers du poids de 9 milliers, dont la charge est de 25 à 30 liv. de poudre, & la portée à 2000 & 2500 toises, monté sur un chassis à roulette qu'un seul homme peut diriger horisontalement tels qu'ils ont été exécutés à l'île d'Aix en 1781.

LXXXIII.
H 28.
Affut & chassis à aiguille du calibre de 36, sans son canon, monté sur deux grandes roues & deux petites, de maniere à être transporté en campagne à la suite des armées; d'où il résulte que l'affut n'étant point porté sur ses propres roues ne souffre point du transport, & se trouve en aussi bon état à la fin de la campagne qu'il pouvoit être à son commencement.

LXXXIV.
H 29.
Affut & chassis à aiguille du calibre de 12, armé de son canon.

LXXXV.
H 30
Affut de campagne du calibre de 12, armé de son canon, dans les proportions des affuts & pieces de bataille du dernier modele, tel que l'Artillerie les fait construire pour l'usage des armées, appellé *artillerie nouvelle*.

LXXXVI. H 31.
LXXXVII. H 32.
LXXXVIII. H 33.
} Affut de campagne, avec son chassis à aiguille, armé de son canon de 12 de bataille, construit dans les mêmes principes que les affuts à aiguille des gros calibres, afin de n'avoir qu'une seule & même construction, soit pour les côtes, soit pour les remparts des Places de guerre, soit pour les casemates, soit pour les siéges, soit enfin pour les pieces de campagne. Ces sortes d'affuts, montés sur quatre roues & pouvant être tirés sans en ôter les avant-trains, construction tout-à-fait nouvelle qui donne nombre d'avantages que n'a pas la construction des affuts des pieces de bataille qui sont destinés à être à la suite des armées.

AFFUT PROPRE A L'ARTILLERIE DES VAISSEAUX.

LXXXIX.
H 34.
Affut à chassis & à aiguille, pour le calibre de 36 placé sur le pont d'un vaisseau de 100 canons, avec ce qui lui est nécessaire pour être assujetti dans tous ses mouvemens, de maniere à n'en recevoir aucun par les roulis & tangages des vaisseaux.

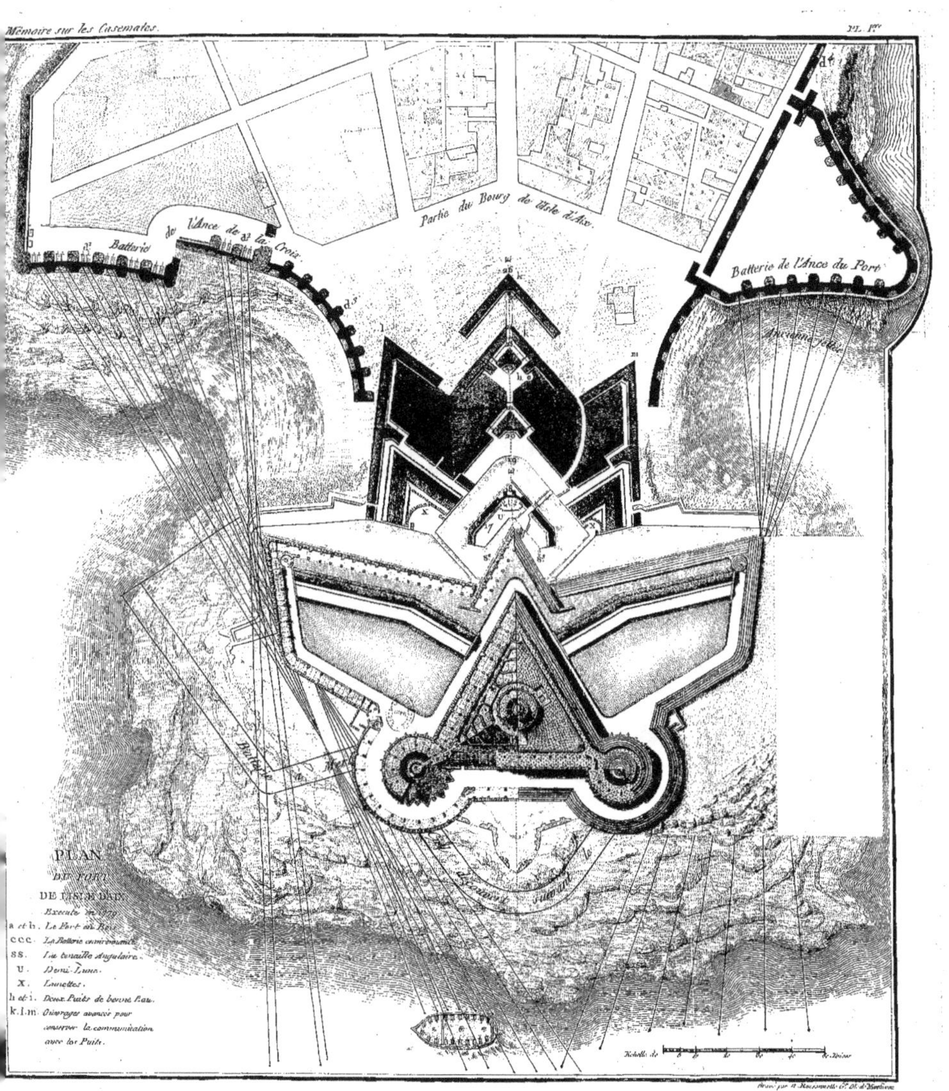
Partie du Bourg de l'Isle d'Aix.
Batterie de l'Ance de la Croix.
Batterie de l'Ance du Port.
Ancienne Jetée.
PLAN
DU FORT
DE L'ISLE D'AIX.
Exécuté en 1779.
a et b. Le Fort au Roi.
c.c.c. La Batterie couronnée.
s.s. La tenaille angulaire.
U. Demi-Lune.
X. Lunettes.
h et i. Deux Puits de bonne l'eau.
k.l.m. Ouvrages avancés pour
conserver la communication
avec les Puits.
Echelle de

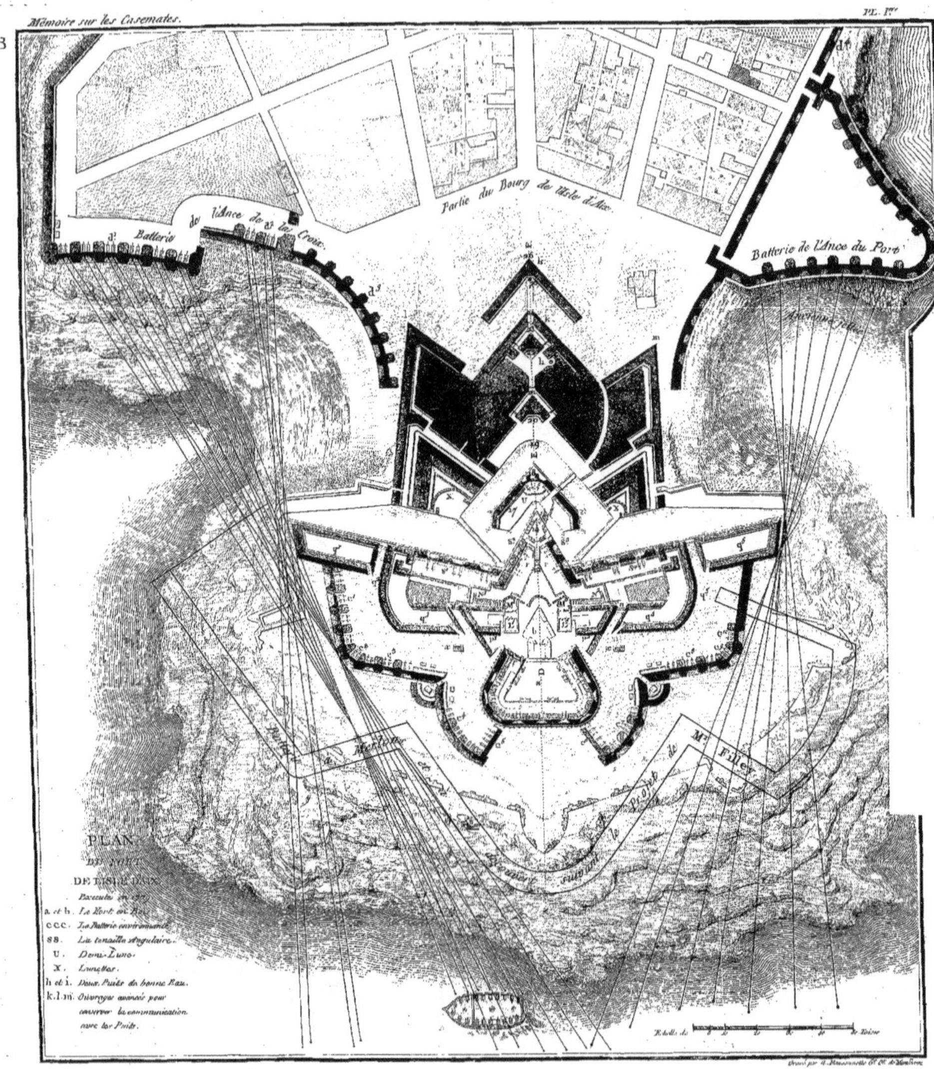

B
Partie du Bourg de l'Isle d'Aix.
Batterie de l'Ance de la Croix.
Batterie de l'Ance du Port.
PLAN
DU FORT
DE L'ISLE D'AIX.
Exécuté en 1779.
a et b. Le Fort en Bois.
c c c. La Batterie environnante.
s s. La tenaille angulaire.
U. Demi-Lune.
X. Lunettes.
h et i. Deux Puits de bonne Eau.
k. l. m. Ouvrages avancés pour conserver la communication avec les Puits.
Echelle de ... de Toise.
Gravé par A. Mauconette et Cie. de Montrieux.

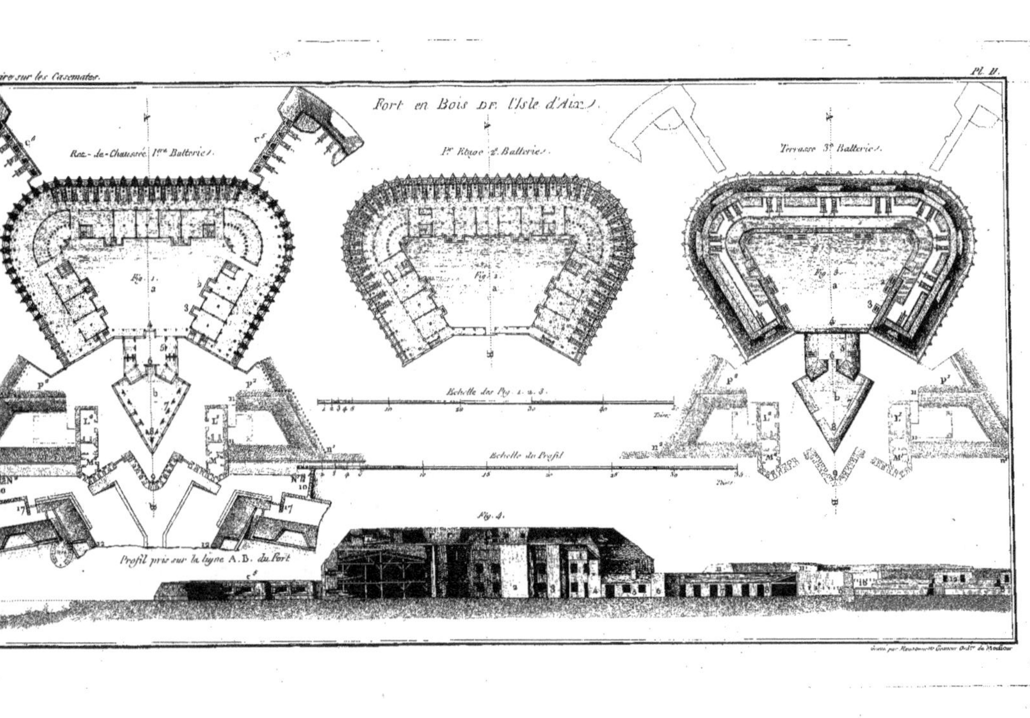
Fort en Bois de l'Isle d'Aix.
Rez-de-Chaussée 1ere Batterie.
1er Etage 2e Batterie.
Terrasse 3e Batterie.
Fig. 1.
Fig. 2.
Fig. 3.
Echelle des Fig. 1. 2. 3.
Toise.
Echelle du Profil.
Toise.
Fig. 4.
Profil pris sur la ligne A.B. du Fort.

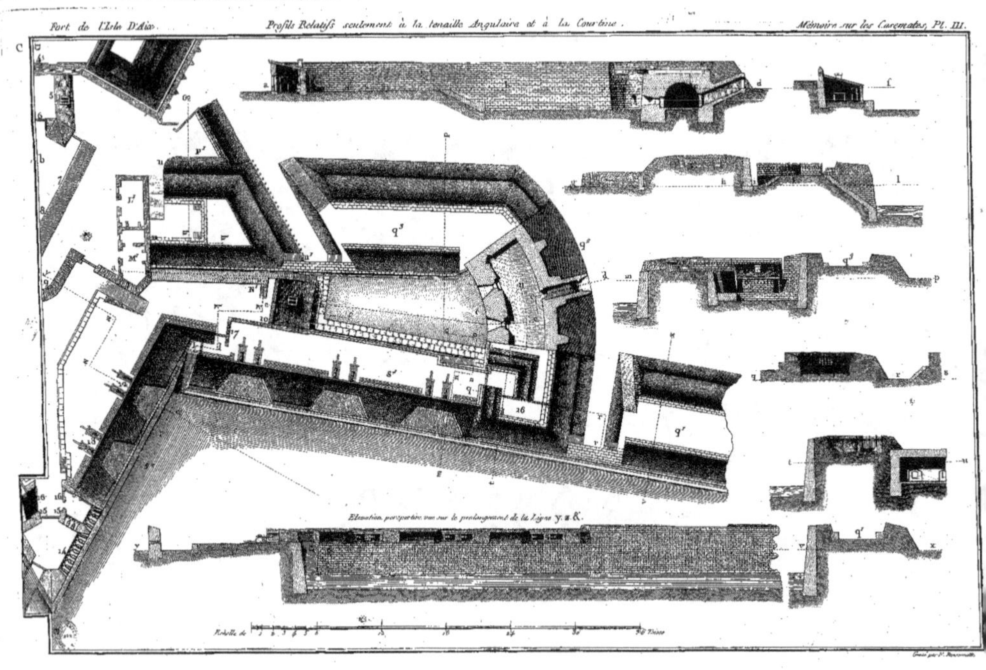

Elévation perspective vue sur le prolongement de la Ligne y. z. &.
Echelle de
Dessiné par N. Baraguault.

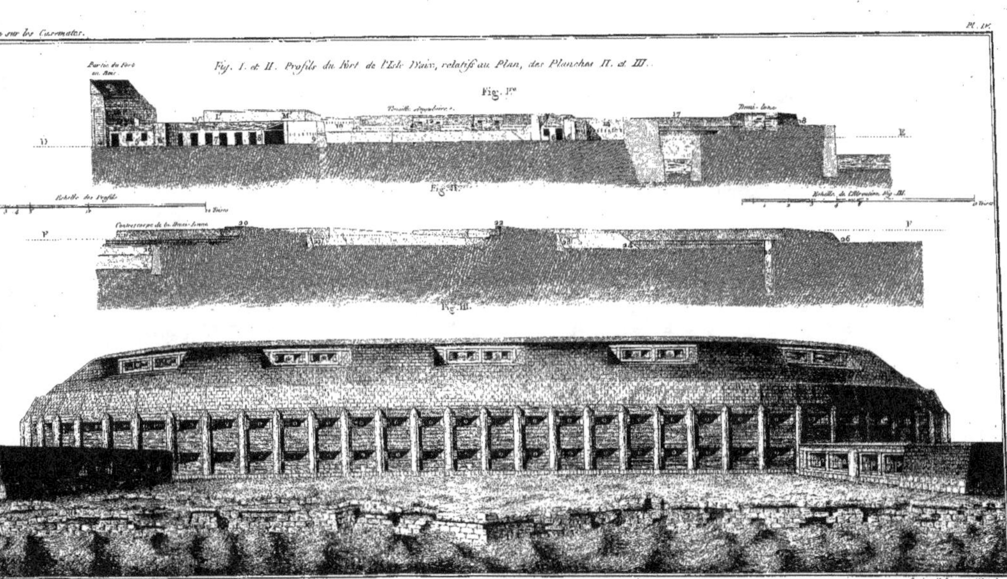

Fig. I. et II. Profils du Port de l'Isle d'Aix, relatiff au Plan, des Planches II. et III.
Fig. Ire
Partie du Port au Rase
Bouille singuliere.
Demi-lune
D
E
Echelle des Profils
Echelle de l'Elevation, Fig. III.
Fig. II.
Contrescarpe de la Demi-lune
20
22
25
26
F
F
Fig. III.
ELEVATION et vüe en face du Port en bois de l'Isle d'Aix du coté de la Mer, executé en 1780. Figure III.
Gravé par N. Ransonnette Mothanflein.

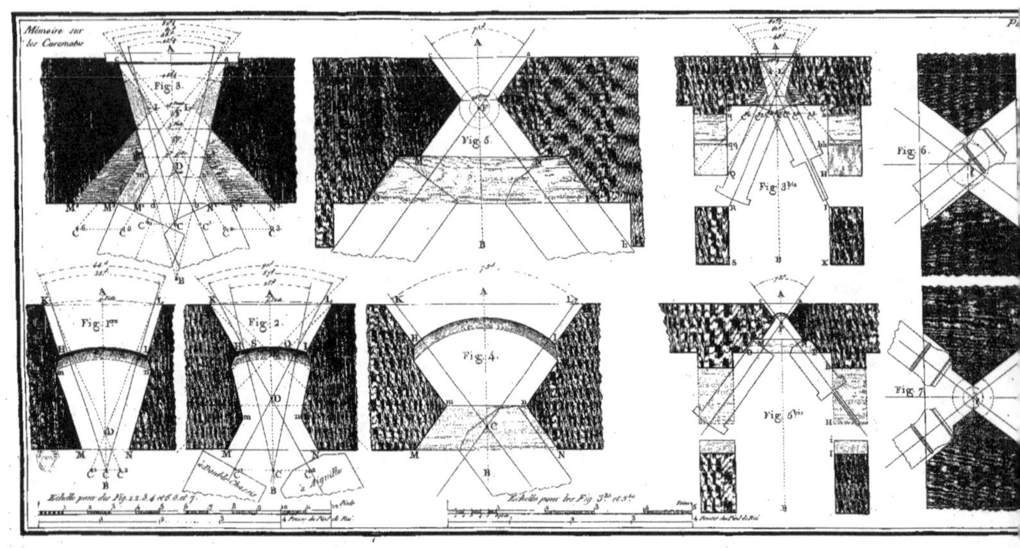

Mémoire sur
les Casemates
Pl.
Fig. 3.
Fig. 5.
Fig. 3 bis.
Fig. 6.
Fig. 1re.
Fig. 2.
Fig. 4.
Fig. 6 bis.
Fig. 7.
Echelle pour les Fig. 1. 2. 3. 4 et 6. 6 et 7.
Echelle pour les Fig. 3 bis et 5 bis.

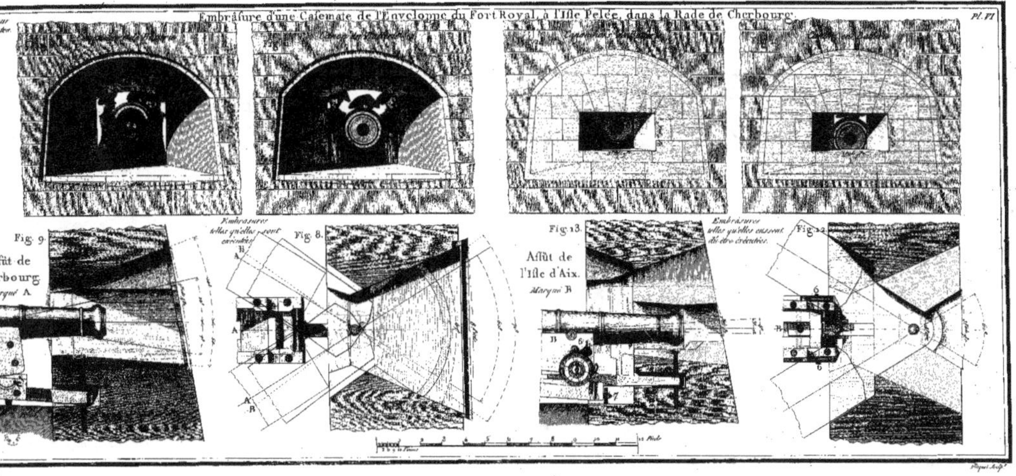
Pl. VI
Fig. 9.
Fût de
rbourg
rqué A.
Fig. 8.
Embrasures
telles qu'elles sont
circulaires
Fig. 13.
Affût de
l'Isle d'Aix.
Marqué B.
Embrasures
telles qu'elles eussent
dû être crénelées.
Fig. 12.

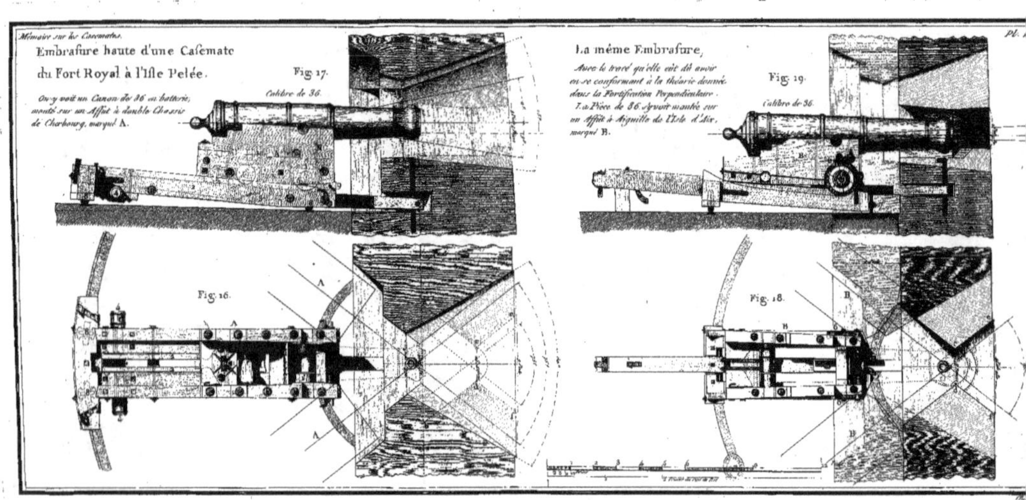

Embrasure haute d'une Casemate
du Fort Royal à l'Isle Pelée.
Fig. 17.
Calibre de 36.
On y voit un Canon de 36 en batterie,
monté sur un Affut à double Chassis
de Cherbourg, marqué A.
La même Embrasure,
Avec le tracé qu'elle eût dû avoir
en se conformant à la théorie donnée
dans la Fortification Perpendiculaire.
La Pièce de 36 s'y voit montée sur
un Affut à Aiguille de l'Isle d'Aix,
marqué B.
Fig. 19.
Calibre de 36.
Fig. 16.
Fig. 18.
A
B
Pl.

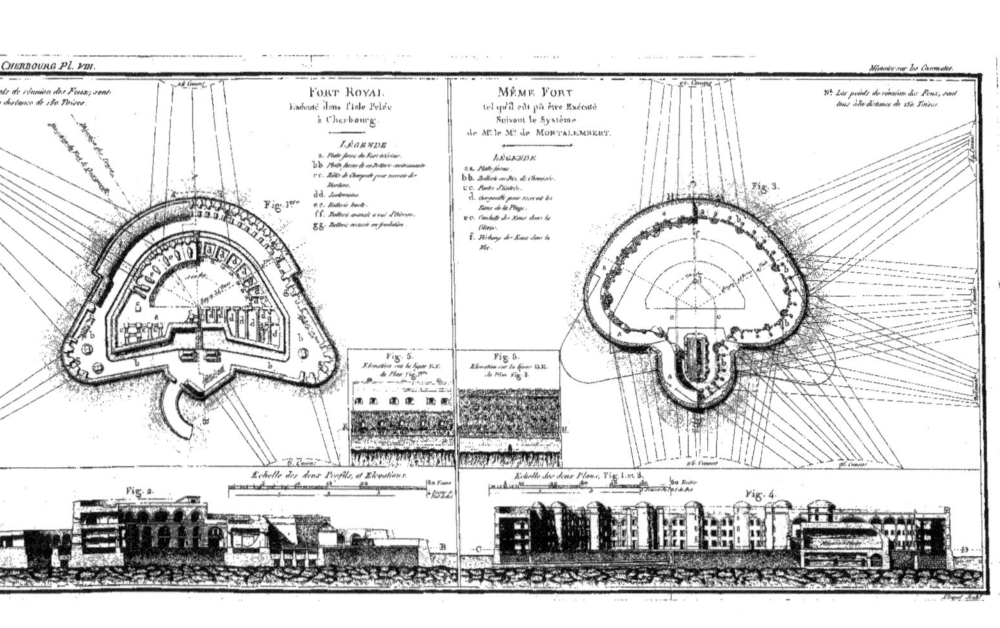
CHERBOURG Pl. VIII.
Mémoire sur les Courmates.
FORT ROYAL
Exécuté dans l'isle Pelée
à Cherbourg.
LÉGENDE
MÊME FORT
tel qu'il eût pû être Exécuté
Suivant le Système
de Mr. le Mis. de MONTALEMBERT.
LÉGENDE
Fig. 1ere
Fig. 2
Fig. 3
Fig. 4
Fig. 5
Fig. 6
Echelle des deux Profils, et Elevations.
Echelle des deux Plans, Fig. 1. et 3.

Suplément au V.e Volume, et Mémoire sur les Casemates.
F
N.º IX
Rocher de Tridoux
ne Couvrant entierement que de Grande-Mer.
Nota
Anse du Saillant
Nota
Les Chiffres placés près de chaque
Vaisseau désignent le nombre de
pièces de Canons dont ils peuvent
être Battus.
Cap Salomon
Fort Tridoux
Anse de la Croix
la Bochard
Vase Molle
Anse du Port
Laisse de Basse-mer
Charente
la Rivière de la
Nota
Nota
PLAN
d'une partie de l'ISLE D'AIX avec les
Projets relatifs à la défense du Bourg
et à celle de sa Rade, par Monsieur le
Marquis
DE MONTALEMBERT
1779
Echelle de ... Toises
Gravé par N. Ransonnette.
La Figure de cette Planche IX est la même que la Fig. 3. de la Pl. X. du suplément.

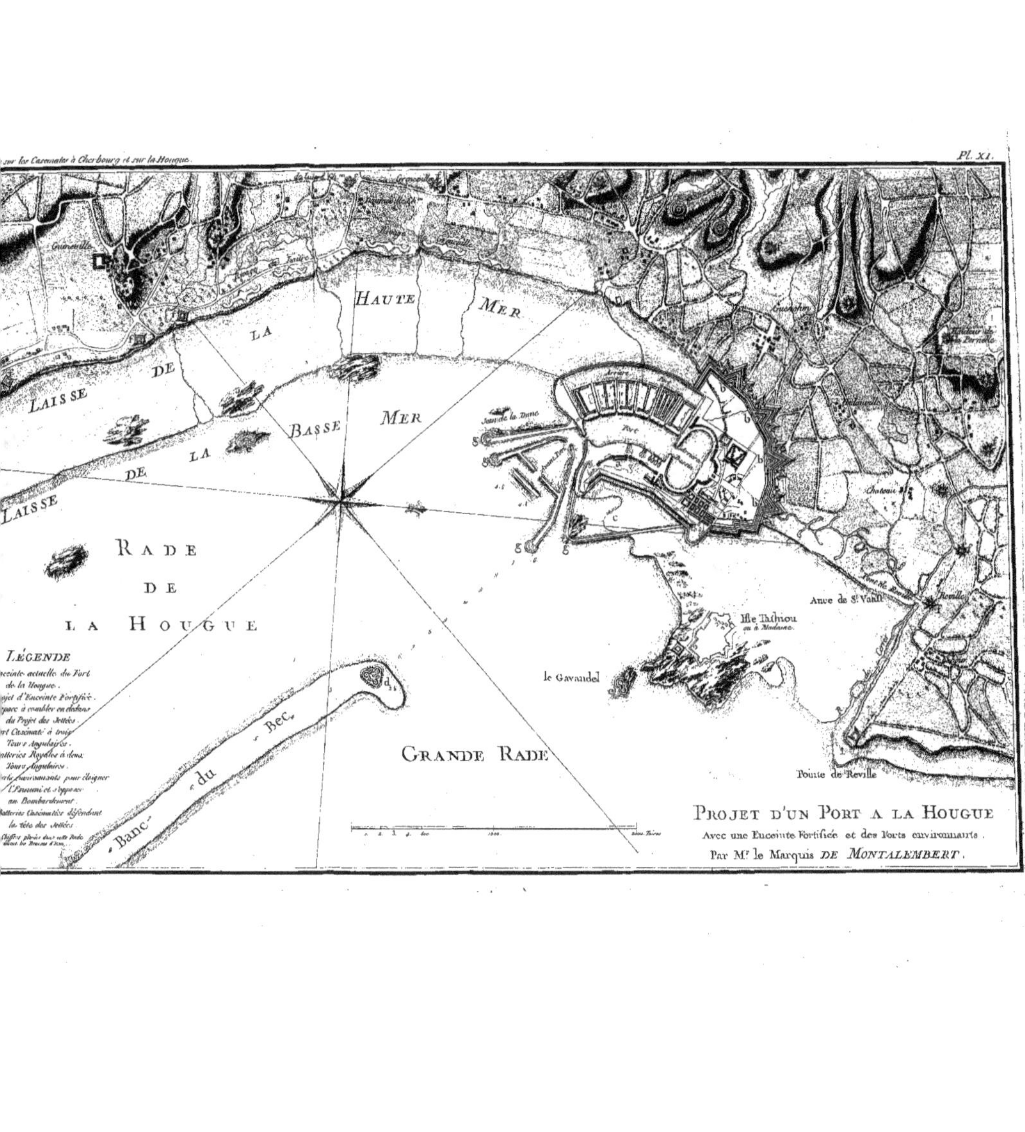
Pl. XI.
sur les Casemates à Cherbourg et sur la Hougue.
Gonneville
HAUTE MER
LA
LAISSE
DE
LA
DE
LAISSE
BASSE MER
Lieudin
RADE
DE
LA HOUGUE
Jardin de la Dune
Port
Chateau
LÉGENDE
Anse de St Vaast
Isle Tatihou
ou à Madame
le Gavandel
Banc
du
Bec
GRANDE RADE
Pointe de Reville
PROJET D'UN PORT A LA HOUGUE
Avec une Enceinte Fortifiée et des Forts environnants.
Par Mr. le Marquis DE MONTALEMBERT.

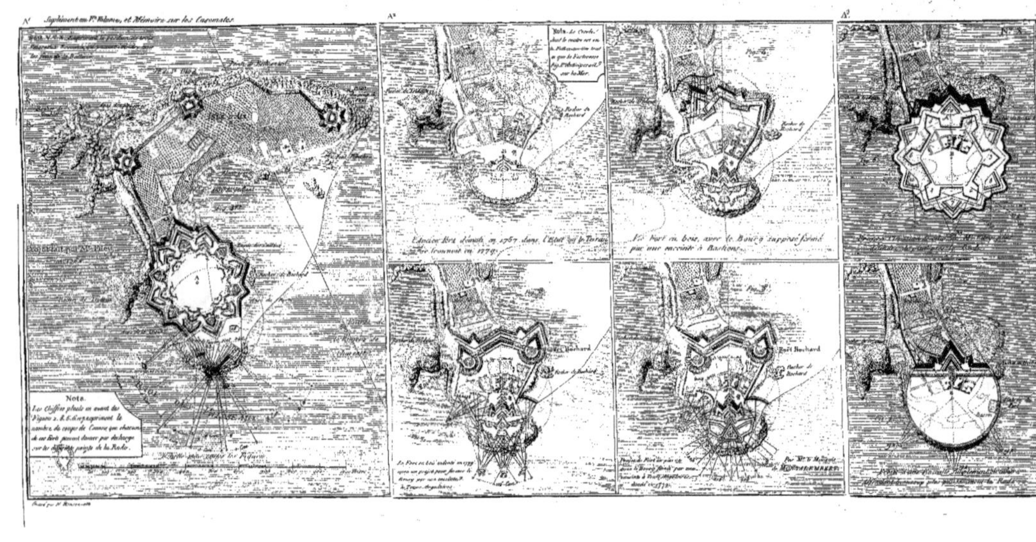

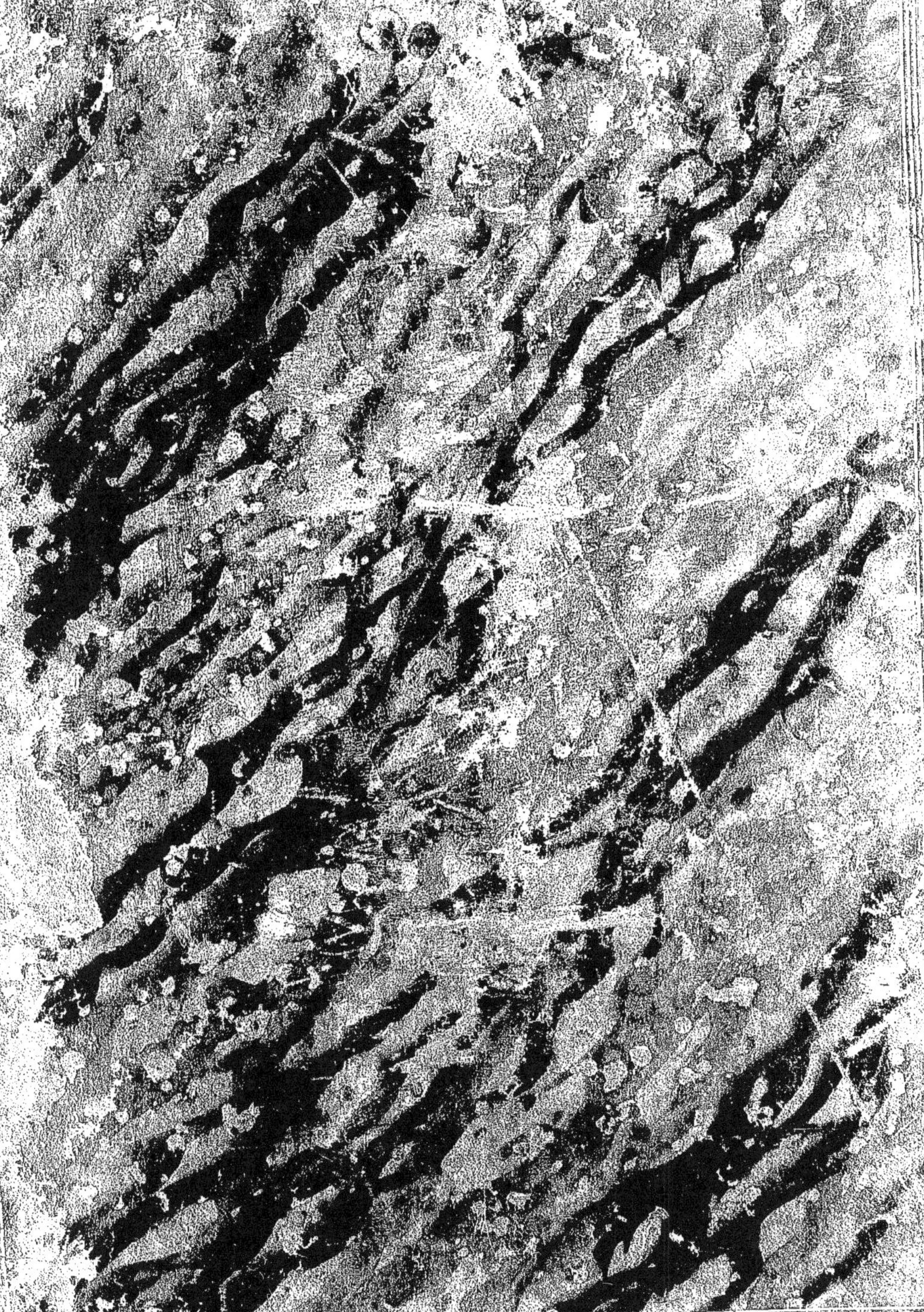